Al-Samt wa-al-Sakhab:
The Authorized, Abridged, and Annotated Edition for
Students of Arabic

T0345609

Related Works

Saud al-Sanousi's Saaq al-Bambuu: The Authorized Abridged Edition for Students of Arabic, Laila Familiar and Tanit Assaf, Editors

Hoda Barakat's Sayyidi wa Habibi: The Authorized Abridged Edition for Students of Arabic, Laila Familiar, Editor

AL-SAMT
WA-AL-SAKHAB

The Authorized,

Abridged, and

Annotated Edition for

Students of Arabic

NIHAD SIREES
HANADI AL-SAMMAN, EDITOR

Georgetown University Press | Washington, DC

© 2022 Georgetown University Press. All rights reserved. No part of this book may be reproduced or utilized in any form or by any means, electronic or mechanical, including photocopying and recording, or by any information storage and retrieval system, without permission in writing from the publisher.

The publisher is not responsible for third-party websites or their content. URL links were active at time of publication.

Library of Congress Cataloging-in-Publication Data

Names: Al-Samman, Hanadi, editor. | Sīrīs, Nihād, author.
Title: Al-Samt wa-al-Sakhab: the authorized, abridged, and annotated edition for students of Arabic / Nihad Sirees; Hanadi Al-Samman, editor.
Description: Washington, DC: Georgetown University Press, 2022.
Identifiers: LCCN 2021025291 | ISBN 9781647122355 (paperback) | ISBN 9781647122362 (ebook)
Subjects: LCSH: Sīrīs, Nihād. Samt wa-al-sakhab. | Sīrīs, Nihād—Study and teaching. | LCGFT: Literary criticism.
Classification: LCC PJ7862.I76 S263 2022 | DDC 892.7—dc23
LC record available at https://lccn.loc.gov/2021025291

⊚ This paper meets the requirements of ANSI/NISO Z39.48-1992 (Permanence of Paper).

23 22   9 8 7 6 5 4 3 2 First printing

Printed in the United States of America

Cover design by Jason Alejandro
Interior design by A Pass Educational Group, LLC

This work is dedicated to the Syrian people with all of their variegated ethnic and religious mosaic.

CONTENTS

PREFACE

You are about to delve into one of the most intriguing novels of contemporary Arabic literature–one that explores the intricacies of state power, propaganda, and the average citizen's courageous attempts to defy authoritarian dogmas through deliberate silence, laughter and sex. The Syrian writer Nihad Sirees's *Al-Samt wa-al-Sakhab* (*The Silence and the Roar*, originally published in Arabic in 2003 with an English translation published in 2013) is a unique novella that outlines the process of authoritarian state's domination through manufactured rallies and media control to cement the cult of the one-leader worship, and to brainwash citizens to believe in the state's official narrative. The writer outlines the protagonist's failed attempts to escape the rallies' roar, and his desperate need to combat the state's domination through affects, humor, and oppositional silence. The novella was heralded as the precursor to the Arab Spring, has been translated to several languages, and won the 2013 Coberg Rückert Prize and was listed among *Publishers Weekly's* top ten books of 2013.

PEDAGOGICAL APPROACH

This abridged, authorized, and annotated version of Sirees's *Al-Samt wa-al-Sakhab* is designed to be taught in a three-credit Arabic literature course with an Advanced Mid to Advanced High ACTFL proficiency. Third- and fourth-year students of Arabic should be able to read and comprehend the work easily guided by the extensive vocabulary explanations (420 total glosses), a set of interview questions with the author, and audio excerpts of the author reading from the book (see Audio Resources section). Students will be expected to raise their reading, writing, listening, and speaking proficiency by one level at the completion of this course.

Reading this novel will give students a glimpse of the cultural and political status quo of authoritarian governments in the Arab world through a close reading of one of the most effective, accessible, and entertaining novels in contemporary Arabic literature. The competitive advantage of this *explication de texte* pedagogical approach is that nonnative students of Arabic learn linguistic and cultural nuances by focusing on the significance of certain phrases, idioms, structure, style, imagery, and cultural references that have specific resonance for the Arabic speaker.

This method is accomplished through dividing the exercises for each chapter into two sections: (1) a comprehension section that can be utilized by the instructor and students either for pre- or post-reading use, and (2) close reading exercises that call attention to linguistic, stylistic, or thematic issues integral to the novel's analysis with poignant resonance in the understanding of the work. There are open-ended essay questions that ask students to reflect on their own society and compare the points of similarities or differences between their political situation and the protagonist's situation in the novel. Some exercises ask students to check the dictionary for etymological and grammatical variances of certain key vocabulary. My pedagogical approach of *explication de texte* is to move from the particular to the general and is further accomplished with discussions and group work addressing these larger questions. The original novel does not have any chapters. To best lead students through the text with this approach in mind, I broke the novel into thirty short chapters under the umbrella of eight units. Each chapter has a corresponding set of comprehension questions, exercises, and essay prompts that highlight unique phrases with linguistic and literary significance in Part II of the book. In order to maintain fidelity to the original text, the editor and author worked closely together so that this version keeps 75 percent of the original novel. We opted to keep the original vocabulary as much as possible and to increase the amount of explained vocabulary (mainly glosses in the margins) in order to maintain authentic linguistic nuances in both FusHa and Syrian dialect.

I have included with the book an interview I conducted with the author in Arabic and a series of audio excerpts from this version of the book, read by the author. Both of these can enhance teaching and learning and begin to teach literary skills to students. My chosen excerpts and interview questions highlight philosophical approaches to the complex relationship between the single leader and his subjects-ideas that are integral to understanding the significance of the novel. Consequently, topics such as Hegel's Master/Slave dichotomy, Hannah Arndt's leader/subject dichotomy, Alexander the Great's different treatment of Eastern and Western populations he conquered, and the role of laughter and sex to combat the terror of the oppressive intelligence apparatus are amplified in the comprehension questions and interviews. The topic of the correlation of state media with authoritarian regimes and manufactured consent resonates with other countries such as Iran, North Korea, China, and contemporary political US climate as well. This would allow students to make global connections with the novel's poignant themes. To aid in these larger conversations, I included a list of important literary terms integral to the understanding of the novel and for use in students' literary analysis assignments.

ACKNOWLEDGEMENTS

I would like to express my gratitude to Nihad Sirees for agreeing to make *Al-Samt wa-al-Sakhab* available for abridgments for Arabic student learners, and to Mohammed Sawaie for his invaluable editorial feedback and support of this project.

نبذة عن تاريخ سوريا المعاصر

ما يُعرف بسوريا الحديثة اليوم كان جزءاً من الأراضي الواقعة تحت سيطرة الحكم العثماني الذي انتهى عهده إبّان خسارته الحرب في نهاية الحرب العالمية الأولى في 1918. وقد رُسمت الحدود الحالية لسوريا حسب إتفاقية سايسكس— بيكو بين بريطانيا وفرنسا والتي قَسّمت بينهما في 1916 ما كان يُعرف بسوريا الكبرى أوْ بِلاد الشام، أي سوريا ولبنان والأردن وفلسطين. منذ إنتهاء الحرب العالمية الأولى خضعت سوريا للانتداب الفرنسي حتى حصولها على الاستقلال في السابع عشر من نيسان عام 1946.

بعد الاستقلال، توالت الاِنقلاباتُ السياسية التي شكلت حكوماتٍ مُتعددةٍ في سوريا ولكن قصيرة الأَمَد. خاضت سوريا تجربة الوحدة مع مصر في عهد جمال عبد الناصر، وانضمَّ البَلَدان تحت لواء الجمهورية العربية المتحدة من 1958 إلى 1961. وبعد الاِنفصال تصدَّر حزب البعث العربي الإشتراكي سُدّة الحكم لعدة سنوات حتى قام وزير الدفاع حينها حافظ الأسد بانقلابٍ عسكري أوْصَله لرئاسة الجمهورية في الثالث عشر من تشرين الثاني عام 1971. ومنذ وقوع سوريا تحت الاِنتداب الفرنسي حتّى استقلالها تناوَب أربعةٌ وعشرون رئيساً على سُدّة الحكم. اِستأثر حافظ الأسد ومن بعد موته في عام 2000 ابنه بشار الأسد على السلطة، مِمّا جعل الأسد الأب أطول رئيسٍ حَكَم سوريا لمدة تسعةٍ وعشرينَ عاماً. سارعَ حافظ الأسد إلى ترسيخ حُكمه فألغى الحُكمَ المدني، وتعدُّديةَ الأحزابِ، وأعطى أعضاء حزب البعث الأولوية في شغل المَناصب المهمة في الدولة، كما طبَّق نظام الطوارئ الذي قَيَّد الحرّيات الفرديَّة للمواطنين وأعطى المؤَسَّساتِ الأمنيةَ الحقَّ في اعتقال المواطنين وسَجنِهم بدون مُحاكمةٍ قضائية. كما نَجح

طيلة المدّة التي حكم فيها سوريا بقبضةٍ من حديدٍ في تحويل ولاءِ الجيش من الوطن إلى شخص القائد.

أسندَ الأسد المناصِبَ العسكريةَ العالية الى أفرادٍ من الطائفة العلوية التي ينتمي إليها بالرغم من أنّ الطائفةَ العلوية تُشكِّل 11.5% فقط من السكان. يتَّضِح من هذه الامتيازات أنَّ تبوَّهم المراكز القيادية في السلطة لم يكن يتناسب مع نسبتهم السكانية بالمقارنة مع باقي الطوائف الأُخرى التي يُشكل المسلمون السُنة أغلبها بنسبة 76.1%، والمسيحيون بنسبة 4.5%، والدُّروز بنسبة 3%، والإسماعيليون بنسبة 1%. تَشمل سوريا أقلّيّاتٍ عديدةً يُشكِّل الأكراد السُنة نسبة 5% منها، وهناك أقلّيّات أخرى مثل الأرمن والسريان والآشورين والشركس والتركمان. يتكلم أغلب السكان اللغة العربية وهي اللغة الرسمية، بالإضافة إلى وجود بعض القرى التي يتكلم أبناؤها الآرامية أو السريانية، لغة السيد المسيح، كما في معلولا، وصدنايا، وجبع دين. وهناك لغاتٌ أخرى مثل الكردية، والأرمنية، والشركسية، التي تُستعمل على نحوٍ ضيّقٍ بين أفراد تلك الأقليات.

يعتمد اِقتصادُ سوريا على الزراعة، وعلى صادرات البترول الخام والغاز الطبيعي والقمح والقطن والحِمضيّات. وبُحكم مركزها على طريق الحرير منذ القدم، فهي تشتهر بمصانع النسيج، وبوجود طبقةٍ من التُّجار وأصحاب الأعمال الخاصة. ولكن أغلبَ هؤلاء الاقتصاديّين تأثروا بسياسات التأميم التي فرضها حزب البعث في السبعينيات عند تولي حافظ الأسد للسلطة، وبعدها سياسة المُحاصصة في عهد ابنه بشّار الأسد الذي استلم الحكم في عام 2000 بعد وفاة والده. ومِمّا يَجب ذِكرُه أنَّ الدستورَ السوري الذي كان يشترط أن يكون عُمرُ الرئيس أربعين عاماً تَمَّ تغييرُه في

غُضون رُبع ساعة من طَرَفِ أعضاء ما يُسمّى بِمَجلس الشعب ليتناسب مع عمر بشّار الأسد ذي الخامسة والثلاثين عاماً آنذاك. وفي عهد بَشّار الأسد سيطر بعضُ أفراد عائلته، مثل ابن خاله رامي مخلوف، على أغلب القطاعات الاقتصادية في سوريا. كما فرض على التُّجار المُحاصَصة، أيْ مشاركته في مشروعاتهم التّجاريّة، وأخذ نسبة كبيرة منها، مما أدى إلى فقدان الثقة بهذه المشاريع وفائدتها لباقي أفراد الشعب السوري جميعاً. وعندما قامت الثورة السورية في 15 آذار، 2011 طالَبَت بإعطاء الشعب السوري بعضاً من الحرية، والكرامة المفقودة، وإيقاف نظام الطوارئ والأحكام العُرفية، وإخراج المعتقلين السياسين من السجون. ولكن رَدَّ فِعل النظام لهذه المطالب المشروعة ظَهَرَ في قتله للمتظاهرين، وقصفه للمدن الثائرة بالأسلحة المُحرَّمة دولياً التي من ضِمنها السلاح الكيماوي. وارتفَع سقفُ المطالب ليَصل للمطالبة بتنحي بشار الأسد عن السلطة. ولكنَّ استمرارَ النِزاع وتدخُّلَ الدول الخارجية مثل إيران وروسيا وتركيا وأمريكا وبعض الدُّول العربية مع الأسد أو ضِدَّه، أوْ مع الثورة أوْ ضِدَّها، أدّى هذا الأمر إلى تهديم البُنية التَّحتيَّة والاِقتصادية في سوريا. كما أدّى هذا إلى قتل مليون سوري من قِبَل نظام بشّار الأسد، وتهجير خمسة ملايين آخرين على الأقل إلى دول الجوار أو إلى أوروبا وكندا وأمريكا.

من هنا تأتي أهمية فهم الخلفية السياسية لرواية « الصمت والصخب». إنَّ مُجملَ الأحداث يُركِّز على إصرار نظام القائد الأوْحد على إجبار الشعب الخروج في مُظاهرات مؤيدةٍ لحُكمِه، وعلى إسكات كلّ الأصوات المُعارضة له وتغييبها في السجون. تُركِّز الروايةُ على أصوات الصخب التي تأتي من ترديد الشعارات الجَوْفاء في هذه المَسيرات، والتي تُلغي تفكير المواطن بالأوضاع الاِقتصادية والسياسية المُزْرية للبلد، والمُطالَبة

بضرورة التغيير. يُؤكِّد الكاتب كُرْه النظام لصمت الشعب، وخاصَّة صَمت الكُتاب لأنّ هذا يعني تفكيرهم المُستقل ومعارضتهم لسلطته. من هنا تأتي أهميةُ إجبار الكاتب على الاِنضمام إلى مجموعة الكُتاب الذين يُغرِّدون في سرب النظام، ويُساهمون في صُنع المنشورات الإعلامية له. هناك علاقةٌ طرديةٌ، كما تشير الرواية بين الجماهير والزعيم. كما تُشير حنة أرندت في كتابها « ُأصول الشموليّة» (1951) بالتحديد، إلى «أنّ الجماهير لاتستطيع العيش بلا زعيم كما أنَّ الزعيمَ لايستطيع العيش بلا جماهير.» (الصمت والصخب، 56). وعلى رأي المثل الشعبي «يا فرعون مَن فَرْعَنك؟» أجاب، «لم يردَّني أحد.». أي أنّ الشعبَ يتحمّل بِسُكوته مسؤوليةَ تسلُّط القائد الأوْحد عليه لصمته وتصفيقه وخضوعه له. يُركِّز الكاتب نهاد سيريس على مجموعة الأحاسيس والاِنفعالات التي يشعرها البطلُ فتحي وحبيبتُه تجاه صخب المسيرات وتسلُّط النظام من غضب وضيق وعَرَق وكيف يتغلّبانِ على هذا القمع عن طريق مُمارسة الجِنس والضحك. فدائماً هنالك طريقةٌ لمقاومة طُغيان السُّلطة حتى ولو عن طريق رفض المشاركة في التصفيق الزائف، وفِعل شيئٍ يؤكد على وجود الإنسانِ وفرديّتِه، واختيار الصمت الصادق عوضاً عن الكلام المنافق.

تتجلّى أهمية هذه الرواية من خلال انطباق فكرتها، عن كيفية تسلط النظام القمعي على الشعب ومقاومة الأخير للمسيرات المُزيَّفة والصخب والصمت المفروض عليه، ليس على سوريا أو البلاد العربية فحسب بل على كلِّ نظامٍ في العالم تسود فيه الديكتاتوريةُ، وتسلُّطُ سياسةِ القائد الأوْحد.

عن الكاتب نهاد سيريس

ولد نهاد سيريس في مدينة حلب/ سوريا عام 1950 وعمل فيها كمهندس مدني. كتب عدداً من الروايات حيث صدرت في كل من سورية وتونس ولبنان. كما كتب عدداً من الدراما التلفزيونية وكان من أهمها مسلسل "خان الحرير" الذي عرض في معظم الدول العربية بالإضافة إلى أستراليا.

من أهم أعماله الروائية: "رياح الشمال"، "الكوميديا الفلاحية" و"الصمت والصخب" التي تُرجمت إلى الألمانية والانكليزية والفرنسية وغيرها من اللغات، كما صدرت روايته "حالة شغف" بالإنكليزية مؤخراً. كتب مسلسلاً عن الشاعر اللبناني الأميركي جبران خليل جبران بعنوان "الملاك الثائر." حصل على جائزة "فريدريش روكرت" الألمانية عن رواية "الصمت والصخب" ترك سورية عام 2012 وهو يعيش الآن في برلين.

الأعمال الروائية للكاتب:

١- السرطان 1987
٢- رياح الشمال (جـ1: سوق الصغيّر) 1989
٣- الكوميديا الفلاحية 1990
٤- رياح الشمال (جـ2: 1917) 1993
٥- حالة شغف 1998
٦- الصمت والصخب 2004
٧- خان الحرير 2005
٨- أوراق برلين 2021

AUDIO RESOURCES

The abridged *Al-Samt wa-al-Sakhab* is complimented by five recordings of the author reading key excerpts and seven recordings of interview questions between the novel's author and myself. These excerpts were chosen because they represent significant moments in the plot, character development, or events of the novel. Each excerpt is listed below in the chart with its beginning and ending text. Similarly, the interview questions elicit answers to philosophical and political issues present in the author's mind as he composed his sentences.

It is advised that students listen to the reading excerpts independently by listening and reading along or just by listening, and that instructors use the interview questions for in—class listening practice and to provide variety and a balance of skill development during class.

All of the audio can be found and accessed for free on the Georgetown University Press website. This is the breakdown in minutes of each recording of the five novel excerpts:

Excerpt	*Ending text*	/	*Starting text*	*Excerpt*
1. Chapter 1	. . . المدارس يرددون كلمة "عاش.. عاش".	/	كان الطقس شديد الحرارة.	3:20 minutes
2. Chapter 4	. . . قليل الرجل باللباس العسكري.	/	هناك أمر غريب، ففي بلادي	3:12 minutes
3. Chapter 16	. . . الزعيم لتعيد عرض آخر مسيرة.	/	لقد تعرف الإغريق على	8:19 minutes
4. Chapter 18	. . . من خلال ممارسة الجنس معها.	/	إنني أعتذر للقارئ على هذا	3:21 minutes
5. Chapter 25	. . . ومركباتهم وطرق تثويرهم للجماهير.	/	لقد أصبحت واحداً من هواة	2:33 minutes

Here is the breakdown in minutes of each of the questions and their answer from the interview, along with a transcription of each question:

Length	*Question*
1:06 minutes	١- ما طبيعة العلاقة بين فتحي وأمه؟
00:50 minutes	٢- ماذا تمثّل لمى بالنسبة لفتحي؟ هل هي الرد على ضجيج وقمع النظام؟
1:07 minutes	٣- كيف يكون الضحك والجنس مقاومة للصمت المفروض على فتحي؟
1:17 minutes	٤- ما أهمية نهاية القصة بالنسبة لأبطالها؟ هل تمثل نصراً لفتحي وأمه ولمى؟ أم هل تُمثل هروباً من الواقع؟
00:54 minutes	٥- هل تعتقد أن امتناع فتحي عن الكتابة هي الطريقة الأمثل للرد على ضجيج وقمع النظام؟
1:04 minutes	٦- هل تعتقد أن سياسة التطنيش أو "أن تكون غبياً بين الأغبياء،" على رأي سميرة، هي ملجأ المواطنين الوحيد في المجتمعات القمعيَّة؟
1:27 minutes	٧- يقول بعض النقاد بأن "الصمت والصخب" تنبأت بالربيع العربي. ما تعليقك على ذلك؟

PART ONE

الجزء الأول

THE NOVEL

الرواية

الصمت والصخب

رواية
نهاد سيريس

(1)

كان الطقس شديد الحرارة. لاحظت ان الشرشف[1] تحتي كان مبتلاً تماماً. شعرت بهذا قبل أن أفتح عيني. من شدة الحرارة كنت أتنفس بصعوبة بينما كان العرق يتجمع في نقاط تسيل على رقبتي. رفعت يدي ومسحت المنطقة فوق الشفة حيث اعتدت على وجود العرق إذ يتجمع هناك في نقط صغيرة ودقيقة. استدرت إلى طرفي الأيسر ونظرت إلى الساعة المعلقة على الجدار فوق النافذة. كان الضوء القادم من النافذة مبهراً[2] إلا أنني استطعت أن أميز عقارب الساعة. كانت الثامنة والنصف بينما الضجة[3] في الشارع توحي وكأن النهار قد انتصف.

خلعت قميصي الداخلي المبتل وأطلقت زفرة[4]. زفرة توحي بأنني أتأفف[5] فقد كان علي أن اشتري مروحة. تأففت من نفسي لأنني طلبت مراراً النقود من أمي وعوضاً عن أن أشتريها كنت آكل بها وأشتري الدخان. فضلت أن ابقى مستلقياً. دلقت[6] قنينة الماء على رأسي وصدري العاري فشعرت بالانتعاش. هذا الأمر تعلمته من لمي. كانت أيضاً تبلل المنشفة بالماء ثم تأتي بها فتمدها على جسدي العاري لفترة فأشعر بالبرودة ثم كانت تسحبها بإصبعين من كل جانب فتمر على كامل صدري ثم وسطي حتى قدميّ. كنت أشعر ببرودة منعشة قبل أن يسخن الماء الذي يبلل المنشفة. وكنت أيضاً أنتعش فتستجيب لمي أوكنت أصطنع البلاهة[7] فلا أظهر معرفتي بما كانت تشتهي بلعبة المنشفة هذه فأتركها تستسلم لي بدلال.

إنها الثامنة والنصف وأصوات الخارج تصل إلي بدون تنسيق[8]. كانت الأصوات تأتي

---

1   شرشف: sheet
2   مبهراً= شديد الضوء :blinding
3   الضجة= صخب :noise
4   زفرة: sigh
5   أتأفف ــ يتأفف :to complain
6   دلقت ــ يدلق :to pour
7   البلاهة: stupidity
8   تنسيق: coordination

على شكل ضجيج بينما مكبر الصوت يرفع صوتاً لعيناً يلقي شعراً حماسياً غير مفهوم ثم

يتوقف ليعطي بعض التعليمات. كانت معاني الكلمات تضيع لأن مكبر صوت آخر يضج

بأغانٍ حماسية. بينما كان تلاميذ المدارس يرددون كلمة «عاش.. عاش».

(2)

لماذا لا أملك ستارة على النافذة تحجب عن عيني ضوء النهار المبهر بل اكتفيت بلصق ورق أبيض على الزجاج؟ أمي أعلنت أكثر من مرة أنها على استعداد لأن تخيط[9] لي واحدة ولكنها طلبت مني أن أقيس أبعاد النافذة. وعدتها بأنني سأحضر شريط قياس، ولكنني لم أجد من أستعير منه هذه الأداة. مرة، طلبت مني أمي أن أقيس أبعاد النافذة بخيط طويل ولكنني لم أفعل.

سوف أجرُّ[10] المكتبة يوماً فأسدّ[11] بها النافذة لأرتاح من الضجيج والضوء.

تمنيت لو كانت لمى هنا لكنت طلبت منها أن ترطّب المنشفة ثم تمسكها بإبهاميها[12] وسبابتيها[13] وتمررها على جسدي العاري. ولكنها ليست هنا بل في فرنها[14] الخاص. عندما أنام في شقتها تحتار كيف ترطب جسدي. تراها تذهب الى الحمام كل فترة فتقف تحت الماء ثم تعود دون أن تجفف نفسها. تلتصق بي لتنعشني[15] وهي تبكي لأنني أشعر بالحر ولأنني لن أطيق شيئاً وخاصة المداعبة في تلك الحالة الجهنمية ولأنني سوف أرتدي ثيابي قبل الفجر وأهرب.

نهضت في التاسعة إلا خمس دقائق. عندما نهضت خفتت الضوضاء[16] دون سبب مقنع. أعتقد أن الإنسان يشعر بالضجيج بشكل مضاعف وهو في وضع أفقي. لهذا السبب اعتدت على النهوض من الفراش فور استيقاظي. عندما أنهض يزداد اهتمامي بأشياء البيت. أشاهد الفوضى، ثيابي الملقاة على الأرض، على السرير أو على المقعد. أنظر الى نفسي في مرآة خزانة الملابس. أذهب الى الحمام وأغلق الباب على نفسي فيتراجع

---

9 خاط — يخيط: to sew
10 أجر — يجر: to pull
11 أسد — يسد: to block
12 إبهام: thumb
13 سبابة: forefinger
14 فرن: oven
15 أنعش— ينعش: to refresh
16 الضوضاء: noise, hubbub

الضجيج. الحمام هو أقلّ المناطق ضجيجاً في شقتي لأنها تشبه الصندوق المغلق. عندما يصل الضجيج الى مستواه الأعلى أهرب الى الحمام. في شقة لمى أشتهي سماع صوت تنفس أحد ما. في شقتي لا أسمع صوت تنفسي.

في الحمام أعمل جَرداً[17] لما فعلته في اليوم السابق. منذ مدة يصيبني الحزن والاستياء[18] من نفسي لأنني لا أفعل شيئاً. اليوم السابق كان مثل الذي قبله ومثل الذي قبل قبله ومثل الذي قبل شهور. لم أعد أعمل شيئاً. لم أعد أكتب ولم أعد اقرأ ولم أعد أفكر. فقدت منذ فترة متعة العمل. لهذا السبب تعكر[19] مزاجي اليوم أيضاً وأنا في الحمام لأنني لم أفعل شيئاً في الأمس. كنت أحرص في الماضي على عمل أي شيء لأكتسب متعة الإنجاز[20] في صباح اليوم التالي. متعة العمل تجر متعة الإنجاز. متعة تخلف متعة وهكذا. سلسلة يحركها فعل العمل. أما وقود هذا الفعل فليس لدي أي فكرة عنه لأنني فقدته في مكان ما وزمن ما ولا أعلم كيف أستعيده. ليست لدي إمكانية لاستعادته. الفعل أصبح من الماضي أما الحاضر فقد تحول الى حالة من الاكتئاب[21] أو الاستياء من النفس تصيبني حالما أدخل الحمام. لو كان بيدي لظللت نائماً موفراً على نفسي جلسة المحاسبة اليومية هذه ولكن الضجيج القادم من الخارج يدفعني إلى الاستيقاظ.

الضجيج. من فعل ضج يضج القبيح. لم أجد في اللغة العربية فعلاً بهذا القبح. أفضّل عليه كلمة الصخب. أكتب هذا وكأنني أبحث عما يجعله حميمياً. سوف أستخدم الكلمتين معاً في قصتي، ثم علي أن أحدد معناه من خلال وصف حلم شاهدته مرةً. كنت في مسرح أرتدي بدلة سوداء وربطة عنق خمرية وكان العازفون قد احتلوا كراسيهم وراحوا يضبطون إيقاع آلاتهم الوترية[22]. لم يكن قائد الأوركسترا قد دخل بعد

17 جَردْ: inventory
18 الاستياء: resentment
19 عَكرَ—يُعكر: to spoil, to mar
20 إنجاز: accomplishment
21 الاكتئاب: depression
22 آلاتهم الوترية: string instruments

فارتفعت أصوات ضبط الإيقاع. كل الآلات تصدر أصواتها دفعة واحدة بدون تنسيق أو لحن يجمعها. ضجيج عالٍ وقبيح من آلات موسيقية لن تلبث[23] بأوامر قائد الفرقة ان تصدح[24] بأعذب الألحان. ولكن قائد الفرقة لن يدخل ويستمر الضجيج دون توقف ودون فترات فاصلة. اللحن هو الصوت بينما الضبط هو الضجيج وأحاول سد أذني بيدي حتى يكاد رأسي ينضغط من الجانبين. ظللت الليلة كلها أحلم بالضجيج وعندما استيقظت أخيراً كانت أذناي تؤلمانني ورأسي ثقيل بينما غرفتي غارقة في ضجيج الشارع.

خرجت من الحمام دون أن أحلق ذقني ودخلت المطبخ. شربت كوباً من الحليب البارد وأنا ألعق المربى من المطربان[25]. نظرت إلى العمارة المقابلة لعمارتنا.[26] كانت النساء المحجبات يقفن على شرفات بيوتهن أو على نوافذها وهن يتطلعن إلى الشارع بصمت. لم تبق امرأة أو طفل إلا وخرجت تنظر بكسل إلى الأسفل. اقتربت من باب الشرفة بحذر وفتحته فصدمتني شدة الصخب. كنت ما أزال بسروالي الداخلي فلم أكن قد ارتديت ثيابي بعد. خرجت محتمياً بستارة[27] الشرفة وبيدي كوب الحليب الفارغ. نظرت إلى أسفل جهة الشارعين اللذين يتقاطعان في زاوية عمارتنا فرأيت المشهد العجيب. كان الشارعان ممتلئين بالحشود وهي تتماوج[28] وتتدافع بينما المئات من صور الزعيم تتحرك كأمواج البحر فوق رؤوس الجماهير.

ارتديت ثيابي وخرجت من البيت. أردت الهرب من الحر والضجيج إلى الخارج، ولكن هذا الخارج كان الجحيم نفسه.

***

23 لن تلبث: soon
24 صدح— يصدح: to churb
25 المَطرَبان: jar
26 عمارة: building
27 ستارة: curtain
28 تماوج— يتماوج: to move like waves

(3)

عندما وصلت إلى أسفل الدرج انكشف امام عيني المشهد كله، فقد كانت جموع الجماهير تغطي مدخل البناية وكان الصراخ على أشده، إذ كان يتسرب إلى ممر البناية فيتضخم بسبب الفراغ المحصور بين الجدران والسقف. وقفت على الدرجة الأولى مفكراً كيف بإمكاني دفع تلك الكتل المتراصَّة[29] والمتدافعة والضاجَّة[30] للخروج إلى الشارع. في الحقيقة فقد تملكني خوف مفاجئ يشبه الخوف الذي يتملك أحد السابحين بعد ان يصبح وجهاً لوجه أمام سمكة كبيرة ومتوحشة.

كان في الممر بعض الشبان من حاملي صور الزعيم وقد أشعلوا السكائر [31] وراحوا ينفثون[32] الدخان من أفواه وقحة وقد استندوا إلى الجدران الباردة. كانوا، فيما يبدو، قد هربوا من الجموع رغبة منهم في الاستراحة في الظّل وتبريد بشرتهم. راحوا ينظرون إلي بسخرية فقد كانت وقفتي على الدرجة الأولى مثيرة للسخرية. اضطررت للتقدم وحين أصبحت قريباً منهم اندفع إلى الداخل سيل[33] بشري كان أصحابه قد فقدوا توازنهم بسبب الضغط الهائل من الجمهور في الخارج وسقط البعض على الأرض. هذا الأمر لفت انتباه الشبان فتركوني وشأني فقد راحوا يهزؤون[34] من هؤلاء ولم يمض سوى بضع ثوان حتى اندفع رجلان من المنظمين[35] الذين يرتدون الثياب ذات اللون الخاكي ويضعون على سواعدهم إشارات حمراء وراحوا يدفعون الناس إلى خارج البناية. كان الشبان قد استقاموا في وقفتهم مما جعل مهمة المنظمين أكثر سهولة فأمسكوا بهم وراحوا يدفعونهم إلى الخارج.

---

29 المتراصَّة: packed
30 الضاجَّة: noisy, agitated
31 السكائر: cigarettes
32 نفث— ينفث: to blow
33 سيل: flood
34 هزأ— يهزأ: to mock
35 المنظمين: organizers

جرى كل شيء على بعد خطوة واحدة مني. نظر إلي أحد المنظمين بعينين حمراوين وكاد يمسكني ليشدني ومن ثم ليدفعني أمامه ولكنني مددت ذراعيّ أوقفه. لقد حسبني أحد هؤلاء الذين تسربوا من المسيرة[36]. لم يبعد ذراعيه ولم يسحبهما بل وقف وكأنه قد تجمد، حتى أنه لم ينطق بما أراد الاستفسار[37] عنه بل لاحظت تعابير وجهه تسألني فقلت له:

— هنا منزلي.

— هل تسكن هنا؟

— نعم.

— ولماذا لست في المسيرة؟

— أنا لست موظفاً ولست منتسباً الى أية نقابة[38].. إنني الكاتب فتحي شين.

هذه المعلومة جعلته أكثر عدوانية. قال بشراسة[39]:

— البطاقة.

أبرزت له البطاقة فراح يدقق فيها. كان زميله قد انتهى من إخراج جميع من كان في الممر فاقترب منا. أخذ منه البطاقة وراح يقرأ المعلومات عن شخصي بصمت. قال الأول بشراسته نفسها:

— خائن حقير[40]، فقلت شكراً. أعاد إلي الثاني البطاقة وهو ينظر إلي كمن ينظر إلى قذارة ثم استدارا ورحلا، ومن أجل ان يخرجا راحا يدفعان الجموع بفظاظة[41]. بلعت الإهانة[42] ووقفت هادئاً وصامتاً. لاحظت أنني لم أعد أطيق الضجيج المتضخم فاقتربت

36	المسيرة: rally
37	استفسر — يستفسر: to inquire
38	نقابة: syndication
39	شراسة: aggressiveness
40	حقير: vile, despicable
41	فظاظة: rudeness
42	إهانة: insult

من الجموع المتراصة والهادرة[43]، وما إن خطوت خطوة واحدة إلى الخارج حتى جذبني الجمهور ثم راح يدفعني بعيداً عن مدخل بنايتي.

بعد مائتي متر أصبح الرصيف أقل ازدحاماً. وقفت على درجة لإحدى الصيدليات ورحت أتفرج على الجمهور. كانت مظلة الصيدلية تحجب الشمس عني ثم أن نسمة لا أعرف من أين تأتي كانت تجفف عرقي فاستطاب لي المقام وجعلت أراقب شخصاً متحمساً بشكلٍ زائد. كان محمولاً على الأكتاف رغم وزنه الثقيل يهتف لما يقرب من مائة وخمسين شخصاً فيصفق هؤلاء ويرددون ما يهتف به. لاحظت وجهه المعرّض لأشعة الشمس الحارقة. كان العرق يغطي وجهه المحمر وكانت عروق رقبته نافرة ومشدودة مثلما كان فمه المفتوح على الآخر. كان يصرخ بالشعارات.[44] لم يكن يلقيها بل كان يصرخ بها بصوت قوي تصدره حنجرة فولاذية[45] مصنوعة لهذا الغرض.

هناك أشخاص ولدوا لينتسبوا إلى الحزب الحاكم الذي يحب تنظيم مسيرات مثل هذه. أشخاص مؤهلاتهم الجسمانية مُفصلة[46] ليقودوا الجماهير. هذا واحد منهم. لو كنت أنا الذي يصرخ هكذا لكنت فقدت صوتي بعد ربع ساعة، أما هذا الرفيق[47] والذي أتوقع أنه ظل يصرخ منذ بداية المسيرة حتى الآن فإنه ما يزال يمتلك قوة حنجرته وصلابتها رغم الصراخ المستمر. ثم إن رفيقه الذي يحمله على كتفيه طوال الوقت لا بد أنه يمتلك جسداً متيناً قادراً على حمل خمسة وثمانين كيلو غرام لمدة طويلة، ولاحظت أن الرجل المحمول حين كان يهتف ويصرخ فإنه كان يستعين بيديه ليتوازن لأنه كان يتحرك لتخرج الهتافات أقوى ما باستطاعته. هذه الحركة تزيد العبء[48] على الحامل، وإذا أضفنا الحر والجو الخانق، لأن رأس الحامل هو بين فخذي المحمول السمينتين،

---

43 الهادرة: roaring
44 شعارات: slogans
45 فولاذ: steel
46 مُفصلة: tailored
47 الرفيق: comrade
48 العبء: burden

وإذا أضفنا الضوضاء وصوت التصفيق وأصوات الهتافات المرددة من قبل مائة وخمسين حنجرة فإنني لا أحسد هذا الرجل الذي وبسبب الزعيم يتحمل المشاق[49] أكثر من أي ثور في هذه الدنيا.

من زاوية معينة استطعت مشاهدة وجه الرفيق الحامل، فقد كان الموكب قد توقف وصار رجل الهتافات أمامي مباشرة. أحسست بالخفة وأنا أراقب وجهه القابع بين فخذي المحمول، وأقول أحسست بالخفة لأنني لم أكن أحمل على كتفي ولا حتى عصفور صغير بل كنت واقفاً على درجة الصيدلية أتمتع بالظل وقد شبكت ذراعيّ على صدري. هل أقول إنني دُهشت[50] أو استغربت أو تفاجأت؟ فقد كان الرجل الحامل يهتف[51] هو أيضاً. لم يكتف بحمل رفيقه في هذا الجو الخانق بل وجد أن من واجبه أن يهتف هو أيضاً فالزعيم لن يكفيه هتاف مائة وخمسين حنجرة في هذا الرتل بل يجب زيادته بهتاف حنجرة أخرى. كان الشعار[52] موزوناً[53] ولهذا فقد كان المائة والخمسون يصفقون بقوة وهم يقفزون مرددين الشعارات التي كان يطلقها الرجل المحمول. أما من كانوا يحملون صور الزعيم فقد كانوا يلوحون بها ومنهم من كان يقفز حسب ايقاع الشعار رافعاً الصورة إلى أقصى[54] ما تستطيع يده.

***

49 مشقة— مشاق: ordeals
50 دُهِشَ—يدهش: to be surprised
51 هتف— يهتف: to shout
52 الشعار: motto
53 موزوناً: rhymed
54 أقصى: the highest

(4)

هناك أمر غريب، ففي بلادي تنظم الشعارات بطريقة الشعر المُقفى. وأعتقد ان للحزب مركز دراسات خاصاً به لصياغة وإنتاج الشعارات وفق ضرورات المرحلة. الجماهير، عندنا، تربى على الشعارات الموزونة. في كل فترة هناك شعار يتم ترداده واليوم بالذات وقبل لحظات سمعت شعاراً جديداً تمت صياغته لجعل الناس يحمدون الله لأنه خلقهم في عصر الزعيم. يبدأ الرجل المحمول شعاره كما يلي: «ميم ميم يا زعيم» فيردد الحشد الذي يتبعه: «ميم ميم يا زعيم».. ماذا يقصد بالميم هذه؟ يرددون الجملة بمتعة شديدة ما دامت مقفاة. في بلادي يحب الناس الكلام المقفى والسَجعْ[55] والأشعار الحماسية الموزونة. هاهم، انظروا اليهم كيف يرددون كلاماً لا معنى له سوى أنه يحتوي على قافية[56]. والنتيجة، إذا أراد الحاكم أن تحبه الجماهير عليه أن يؤسس فوراً مركزاً لإنتاج الشعارات الجديدة الخاصة به شرط أن تشبه الشعر فنحن قوم نحب الشعر، حتى أننا نحب ما يشبه الشعر، وربما نكتفي بالسَجعْ بغض النظر عن محتوى الكلام. ألم يقولوا إن عصر الجماهير هو عصر الشعر؟.. والعكس صحيح، فالشعر يتم توجيهه نحو الجماهير بينما النثر[57] الذي أكتبه الآن يتوجه نحو الفرد. لهذا السبب لم تكن شعارات الثورة الفرنسية تُصاغ[58] شعراً، رغم وجود «ميرابو»، بل صيغت نثراً عبر كتابات جان جاك روسو. النثر يتوجه إلى العقول والأفراد بينما الشعر يتوجه إلى الجماهير ويوجهها وليس غريباً أن يبدأ انحسار[59] الشعر في الغرب أولاً. الشعر يصنع الحماسة[60] ويذيب الشخصية بينما النثر يصنع العقل والفرديّة والشخصية. أخيراً، أريد أن أذكّر، بأن بلادي

55 السَجعْ: rhymed prose
56 قافية: rhyme
57 النثر: prose
58 صاغ— يُصاغ: composed in
59 انحسر— ينحسر: to erode
60 الحماسة: zeal

ما تزال تعيش عصر الجماهير ولذلك فإن الكلام الموزون والشعارات المقفاة هي ضرورة قصوى[61] في حياتنا أما مؤلفاتي وكتاباتي النثرية فهي أوهام شخص خائن وحقير كما وصفني بذلك قبل قليل الرجل باللباس العسكري.

نعود إلى المائة والخمسين الذين كان يقودهم الحامل والمحمول، فقد تحرك الموكب وراحت تلك الكتلة البشرية الضاجة تتحرك مبتعدة عن مكمني[62] الذي على درج الصيدلية. اقتربت مجموعة كبيرة من تلاميذ المدارس الثانوية الذين كانوا يرتدون بدلات موحدة شبه عسكرية تسمى الخاكي.[63] كانوا أكثر صخباً من المجموعة الأولى وكان يقودهم شخص محمول هو الآخر على كتف أحد المتطوعين، أو ربما كان الحامل مدرباً على ذلك وأنا أميل إلى[64] هذا الاحتمال. كان القائد يطلق الشعارات عبر مكبر صوت يدوي يعمل على البطارية. كانوا يرددون نفس الشعارات ولكن بطريقة أوضح، ومرد ذلك ربما لأنهم من التلاميذ المتعلمين، فقد كانوا يلفظون الشعار بشكل صحيح وكلماته غير مدغومة[65]: «عظيم عظيم يا زعيم».. وأريد هنا أن أصف الصخب إذا كان بالمستطاع فعلاً وصفه، فقد كان مكبر الصوت الذي كان يهتف من خلاله قائد التلاميذ هو الثالث من مجمل[66] مكبرات الصوت التي كانت تصم[67] أذنيّ في تلك اللحظة، فبالإضافة إليه كان هناك مكبران معلقان في الأعلى كنت أسمعهما وأنا في المنزل، أما الآن فأحدهما يبث الأغاني الحماسية والثاني يتحدث من خلاله أحد المذيعين من أصحاب الأصوات الجهورة[68] والحاسمة والتي تزرع الحماسة والحب للزعيم في قلوب الجماهير.

كان الصوت ينادي الجماهير «أيها المواطنون.. أيها المواطنون»، ثم يروح يصف

---

61 قصوى: the utmost
62 مكمن: hidden place
63 الخاكي: military colored suites
64 أميل إلى: inclined to
65 مدغومة= مدموجة: mingled, combined
66 مجمل= معظم: the entirety, the majority
67 صمّ— يصمّ: to deafen
68 الجهورة: loud

محبة الجماهير للزعيم أو للقائد ومحبة الزعيم لشعبه. كانت الجماهير، حسب رأيه،

جزء بسيط من هذا العالم الذي يعشق الزعيم، فهناك أيضاً الشجر والطيور والغيوم

والله، حتى الحجر والتراب يخشعان [69] حين تدوسهما أقدام الزعيم. قال المذيع أيضاً إن

الزعيم سوف يقود الشعب إلى النصر المبين [70].

أحب أن أعقد مقارنة بين الخطاب الذي يقدمه المذيع طوال المسيرة من خلال

مكبرات الصوت العالية وبين التعليق الرياضي أثناء مباريات كرة القدم المنقولة على

التلفزيون، فكلا المعلقين يقولان كلاماً لمجرد الكلام. لمجرد أن يقولا شيئاً إلى الجمهور

العريض وجعله متحمساً إلى أقصى درجات الحماسة. التشابه هنا هو في إثارة حماسة

الجماهير ولكن الاختلاف بينهما كبير، ففي حين يصف المعلق [71] الرياضي ما يراه على

أرض الملعب نجد المذيع [72] في مسيراتنا يصف شيئاً غير موجود ويوهم الجماهير

بوجوده. المعلق الرياضي يأخذ بعين الاعتبار وجود فريقين متنافسين بينما في مسيراتنا لا

وجود إلا لفريق واحد أوحد. فريق مطلق وعليه يجب إلغاء كل فرديّة [73] الأفراد الذين

يشكلون الجمهور وجعلهم عبارة عن نقاط في السيل الهادر الذي يصنعه هذا الجمهور.

إن كل شعور بالفرديّة هو خطر محدق [74] بسلطة الزعيم وما تشكيل الجمهور إلا

إلغاء لهذه الفرديّة، ثم إن تشكيل السيل البشري في المسيرة ليس فقط عبارة عن جمع

للنقاط وجعلها تسيل في إتجاه معين، بل إن مهمة المذيع في مكبر الصوت المساعدة على

تشكيل السيل النفسي والفكري للجمهور. فعندما يقول إن البشر والحجر والشجر تحب

جميعاً الزعيم فهو يخاطب داخل كل نقطة (كل فرد) من الجمهور وجعلها تؤمن، في

تلك اللحظة، بما تسمع، بعيداً عن أي منطق وتلغي بالتالي أي تمايز [75] في التفكير وفي

---

69 خشع—يخشع: to submit, to be humble

70 المبين: sure, undisputed, resounding

71 المعلق: commentator

72 المذيع: anchor, announcer

73 فرديّة: individualism

74 خطر محدق: imminent danger

75 تمايز: distinction

الشخصية وفي الهوى بين أفراد السيل البشري هذا وتجعل السيل العاطفي الهادر يتوجه

فقط نحو الزعيم.

الصخب الذي تصنعه الهتافات ومكبرات الصوت في مسيراتنا ضروري لإلغاء

التفكير. والتفكير نقمة[76]. إنه جريمة، بل خيانة للزعيم. وبما أن الهدوء والسكينة

يدفعان المرء للتفكير فإن جر الجماهير كل فترة إلى مسيرات الصخب هذه ضروريٌ

لغسل أدمغة الناس وجعلها لا تقع في جريمة التفكير. وإلا، ما معنى كل هذا الضجيج؟

إن محبة الزعيم لا تحتاج إلى تفكير، فهي بديهية[77] كما أن الزعيم لا يطلب منك ان

تعدد الأسباب التي تدعوك لمحبته. عليك أن تحبه لذاته لأنه موجود فحسب، وأي تفكير

في السبب قد يجعلك -لا سمح الله— تتوقف عن المحبة يوماً، لأنك قد تجد صدفةً

أن عينيه ترمشان باستمرار حين يتكلم وأنت، ومنذ الصغر، لا تحب هذه العادة فتقل

محبتك له وهذه في الحقيقة خطيئة كبرى.

***

76   نقمة: a curse
77   بديهيّة: common sense

(5)

لقد فاتني ذكر سبب هذه المسيرات رغم أن إخراج الجماهير إلى الشوارع لا يحتاج إلى أية مناسبة، فالذرائع[78] دائماً موجودة، فالزعيم يحب المسيرات ويتم تحديد يوم معين تنزل فيه الناس إلى الشوارع في المدينة المعينة ليتسنى للزعيم متابعتها على التلفزيون. لا يجب أن يتم ذلك في جميع المدن في يوم واحد. فإذا كانت المناسبة، كما هي هذه المرة الذكرى العشرين لوصول الزعيم إلى السلطة، فيجب ان تبدأ المسيرات قبل يوم الذكرى بأسبوع وان تنتهي بعده بأسبوع. على كل مدينة أن تخرج في يوم معين ليتسنى[79] للتلفزيون تصوير المسيرة وعرضها حية ومن ثم أرشفتها[80]. ويقال إن نسخة من المادة المصورة تذهب إلى أرشيف قصر الزعيم ليعود لمشاهدتها في أوقات الفراغ.

إذن، فنحن في موسم احتفالات الذكرى العشرين لاستلام الزعيم السلطة ولا أكثر من ذلك، والمسيرة مستمرة بينما أقف على درجة إحدى الصيدليات التي تحميني مظلتها من أشعة الشمس المحرقة، والضجيج على أشده بينما صور الزعيم ترتفع فوق رؤوس الجماهير.

لاحظت إلى يساري حركة غير عادية، فقد كان ثلاثة من الرفاق من أصحاب البدلات العسكرية يركضون إلى مدخل إحدى البنايات دافعين الناس الذين يصادفونهم في طريقهم. وما إن دخلوا البناية حتى خرج منها بعض الشبان من تلاميذ المدارس الثانوية بطريقة توحي بأنهم كانوا يهربون. كانوا خائفين واستطاعوا الذوبان في سيل الجمهور بسهولة. وقف البعض يتفرج على ما كان يجري داخل البناية فاقتربت لألقي نظرة، وبسبب توهج الشمس في الخارج كانت الرؤية داخل ممر البناية غير واضحة

78 ذريعة— ذرائع: excuses
79 تسنّى— يتسنّى: to allow
80 أرشف— يأرشف: to catalogue

في البداية ولم أميز سوى صراخ عنيف من قبل شخص يتعرض للضرب المبرح[81]. اقتربت من المدخل لكي تتضح الصورة أكثر. كان الثلاثة يضربون بقبضاتهم أحد التلاميذ بينما كان يحاول صد اللكمات[82] لحماية جسده. كان يعرف كم سيكلفه إن قام برد اللكمات لهم دفاعاً عن نفسه. انهار الشاب على الأرض فراحوا يركلونه[83] بأحذيتهم الثقيلة. وفي لحظة، وبعد أن انقشعت الغشاوة[84] عن عيني تماماً، شاهدته ينظر إلي بعينين متألمتين ولكنهما متوسلتان. كيف أصف هذه النظرة؟ كان يطلب مني التدخل لإنقاذه ولكنه لم يكن مقتنعاً بإمكان أي شخص ليس من الرفاق أو من غير العسكر أن يفعل شيئاً. كان قد فقد أحد أسنانه وكان الدم يسيل خارجاً من فمه ليلوث وجهه ورقبته ثم ثيابه والأرض التي كانوا يمرغونه[85] عليها. ظل ينظر إلي بثبات[86] في حين كان يتلقى الركلات على كامل جسده.

أمضيت عشرين سنة وأنا أحاول ألا أتدخل في أمور الرفاق، بل أعمل على تجنبهم ولكن رؤية عيني الشاب المتوسلتين[87] جعلتني أحسم أمري وأغير عادتي. اقتربت منهم وأمسكت بذراع أحد الرفاق فتوقف عن الركل فتوقف الآخران بينما ظل الشاب يتلوى من الألم ويبصق دماً. قلت للذي كنت أمسك ذراعه:

— ماذا فعل الولد؟

— ومن أنت؟

— أريد أن أعرف ماذا فعل.

تركت ذراع الرفيق وكان هذا خطأي في تلك اللحظة، فسرعان ما بدأ الثلاثة يحاولون اكتشاف مكانتي ليعرفوا الطريقة التي عليهم التعامل بها معي. كان علي الاستمرار في

81 المبرح: excruciating
82 لكمة— لكمات: jab, punch
83 ركل— يركل: to kick
84 غشاوة: blur
85 مرغ— يمرغ: to wallow in mud
86 بثبات: steadily
87 متوسل: imploring

امساك الذراع والضغط عليها عوضاً عن إفلاتها. تركوا الشاب يتلوى وأحاطوا بي. من أجل أن أصحح خطأي ثبتّ في مكاني ولم أتراجع. طلب مني أحدهم إبراز بطاقتي فتجاهلته. في بلادي عليك أن تظهر أكبر قدر ممكن من الغموض[88] لتتجاوز مثل هذا الموقف، وإن كنت جريئاً بإمكانك الادعاء بمكانة ما لكي تحصن[89] نفسك. قررت أن أحيط نفسي بشيء من الغموض فمن عادتي ألا أدّعي ما لست فيه. قلت:

— أريد تفسيراً مقنعاً لما كان يحدث.

— هل تريد تفسيراً؟

— نعم، قلت، أريد تفسيراً مقنعاً. فقال نفس الرفيق والذي كان قائد الآخرين:

— إنه خائن، فقد حاول الهرب من المسيرة. أليس هذا سبباً مقنعاً؟

— كان بإمكانك محاسبته عوضاً عن ضربه. فتدخل الثالث:

— ومن تكون حضرتك؟ كانوا حتى تلك اللحظة غير قادرين على حل لغزي[90].

كانوا حذرين في التعامل معي. قلت:

— مواطن.

عندها زال ارتباكهم وتبسم أحدهم بسخرية. عادوا إلى مكانهم الطبيعي:

— مواطن؟ سأل الثاني وهو يجهز نفسه للانقضاض[91] علي. قال القائد وهو يمد يده إلي:

— البطاقة.

أخرجت له البطاقة ومددتها إليه. التقطها بسرعة ثم أشار إلى الآخرين ليلحقا به ومشى مبتعداً.

— ماذا جرى؟ سألت، والبطاقة؟ فقال دون أن يستدير:

— تعال إلى المقر لتستردها.

---

88 غموض: mystery
89 حَصَنَ— يحَصنْ: to protect
90 لغز: puzzle
91 انقضّ— ينقضّ: to attack

خرجوا. كنت حانقاً[92] بسبب تورطي[93] معهم، ولكن الشاب كان يتلوى وهو ينزف. اقتربت منه وقرفصت[94] إلى جانبه ورحت أعاين وجهه. نظر إلي ولكن بامتنان[95] هذه المرة. حاولت رفعه فقد كان يحتاج إلى إسعاف إلا أن شابين كانا بين المجموعة التي تجمهرت على باب البناية اقتربا فشكراني ثم أخذاه مني وخرجا به. حصلت منه على نظرة امتنان أخرى قبل أن يغيبوا. أحد الصبية نبهني إلى نقطة دم كانت على ياقة قميصي فلم أهتم بها ثم خرجت.

ابتعدت إلى الشوارع الجانبية هرباً من الحشود والضجيج. كانت الدكاكين مغلقة والحركة خفيفة إلا من بعض الذين استطاعوا التسلل[96] من المسيرة، يسيرون وبأيديهم صور الزعيم فقد كان عليهم أن يسلموها في الغد إلى المنظمين. سرت مسافة طويلة بدون هدف واضح فلم أكن قد قررت بعد إلى أين أذهب، إلى بيت أمي أم إلى بيت لمى، آخذاً بعين الاعتبار[97] انني لن أجني اية فائدة إن ذهبت فوراً إلى المقر لاسترداد بطاقتي فالشخص الذي احتفظ بها لن يعود إلى هناك قبل المساء. ثم إنني لم أسأله أي مقر يقصد، مقر الحزب أم مقر المخابرات، فإذا كانت المخابرات، فأي جهاز[98] منها؟ سؤال حاولت عدم إشغال ذهني بالإجابة عليه بسبب رغبتي بالهرب من كل ما يمت بصلة[99] إلى المسيرة وما جرى فيها.

قررت الذهاب إلى أمي فبيتها يقع في نفس الطرف من المدينة أما للذهاب إلى بيت لمى فقد كان علي أن أعود من حيث أتيت وأجتاز الشوارع المليئة بالحشود إلى الطرف الآخر وهذا ما كنت أهرب منه بالفعل.

***

92 حانق: mad
93 تورطَ — يتورط: to be involved
94 قرفص— يقرفص: to squat
95 امتنان: gratitude
96 تسلّل— يتسلّل: to sneak
97 آخذاً بعين الاعتبار: taking into consideration
98 جهاز: unit, branch
99 مايمت بصِلة: what is relevant, related

(6)

رحل أبي قبل خمس سنين مخلفاً وراءه أرملة[100] لطيفة ومحبوبة في الخمسين من عمرها وابناً وابنة. الابن هو أنا واسمي فتحي وقد بلغت الحادية والثلاثين قبل ثلاثة أشهر من الآن، وفي هذا الفصل لن أتحدث عن نفسي بل عن أمي رتيبة خانم[101] وأختي سميرة التي تصغرني بخمس سنين لأنني متوجه في هذه اللحظة إلى بيت أمي لذلك يجب علي التحدث عنها قبل أن يصادفها القارئ.

كان أبي هو المحامي الشاب الذي تقدم لخطبة الصبية رتيبة المدللة عند أهلها. كان قد مضى على تخرجه من الجامعة أكثر من خمس سنين دون أن يظفر[102] بعروس مناسبة. كان محامياً شاطراً وكان سياسياً مشاكساً[103]. كان معروفاً بمشاكساته للحكومة وللمعارضة في وقتٍ واحدٍ. وكمحامي شاطر كان يخترع الأوصاف الغريبة التي يصف بها أعداءه الألداء مثل «حكومة القرود – رجال الحكومة الذين يأكلون أكثر مما ينتجون – الحكومة المحكومة بالنفي من القلوب – رجال الحكومة الذين يسيرون على أربع» وغيرها من الأوصاف التي كانت تضحك الوزراء وتغضبهم في وقتٍ واحدٍ. أما رجال المعارضة فقد كان يصفهم بأوصاف ألطف لأنه كان رجلاً ليبرالياً مثل « الزاحفون نحو السلطة الصناديد[104] – المعارضة المعروضة للبيع– المعارضة المتوكلة على الله – المعارضة العارضة للأزياء» وغيرها.

كان المحامي الشاب قد حشد[105] حوله الأعداء بسبب مقالاته المحشوة[106] بمثل هذه الأوصاف والتي كان ينشرها في صحيفة محلية معظم قرائها من المشتركين من

---

100 أرملة: widow
101 خانم: lady
102 ظفر— يظفر: to gain
103 مشاكساً: belonging to the opposition
104 صنديد— صناديد: brave ones
105 حشد: يحشد: to gather
106 محشوة: peppered, stuffed

رجال الأعمال. وبسبب كثرة أعدائه وندرة محبيه لم يستطع الزواج رغم أن جدتي كانت جادة في البحث عن عروس تناسب محامياً مشاكساً، وعندما كانت تجد له واحدة كان أهلها يرحبون بالعريس ليوم واحد فقط ثم كانوا يعتذرون بعد أن تأتيهم «النصائح» من أعداء أبي من كلا الطرفين. وقبل أن يصيبه اليأس جاءته جدتي بآخر مرشحة[107] للزواج، إنها رتيبة الأخت المدللة لأحد تجار المدينة (فقد كانت يتيمة[108] الأب) والتي بالإضافة إلى أنها كانت قد ورثت عن أبيها المرحوم ثروة محترمة، كانت إنسانة مرحة إلى أقصى الحدود. كان الضحك والمرح والقصف[109] وعدم الاهتمام بأمور الدنيا المقلوبة رأساً على عقب[110] أهم ما يميزها، وهذا بالتحديد ما كان يبحث عنه العازب المشاكس. ذهب المحامي عبد الحكيم على الفور إلى أخيها وتعرف عليه وأخبره بأمور أعدائه من الحكومة ومن المعارضة على السواء مستبقاً كلام أعدائه هؤلاء فطلب التاجر، وهو الذي أصبح فيما بعد خالي مفيد، من المحامي المشاكس، وهو الذي أصبح أبي، أن يأتي له بقصاصات الصحيفة التي تحوي مقالاته اللاذعة فأمضى الليل وهو يقرأ تلك المقالات التي كان من المفترض ان تثير قلقه، وفي اليوم التالي أخبره بالموافقة. لم يكن خالي مفيد من هواة المشاكسة مع السياسيين ولكن الرجل كان جاداً وعاقلاً وليس مثل أخته التي كانت مستعدة للضحك على أي أمر، وهذا ما جعل الناس يستغربون موافقته على الزواج بهذه السرعة. وما جعلهم يستغربون أكثر هو أنه صمد أمام حملة تشويه السمعة التي نطلق عليها في مدينتنا كلمة «التقطيع». لقد وجد خالي مفيد في أبي الرجل الذي يصلح لأن يكون زوجاً لأخته التي لا تتوقف عن الضحك حتى أثناء النوم.

تزوج العروسان وأمضيا شهر العسل في فندق محترم في أحد المصايف الراقية الذي

107 مرشحة: candidate
108 يتيمة: orphan
109 القصف: In Syrian dialect it denotes someone who likes to look at beautiful things
110 مقلوبة رأساً على عقب: upside down

كان يطل على أحد الوديان كثيف الأشجار. وهناك اكتشف والدي مواهب عروسه المدهشة، فبعد أن قرأ لها بعضاً من مقالاته ضحكت قليلاً ثم لم تعد تضحك أبداً من هذه المقالات المشاكسة فقد وجدتها عادية، ثم راحت تخترع لعريسها أوصافاً جديدة لأعدائه السياسيين فوجدها قيّمة[111] جداً فراح يضمها إلى مقالاته. لم يكن ذلك يسلي والدتي فقد كانت تخترع الأوصاف وهي تتزين أو تتذكر نكتة قديمة مضحكة تجعل والدي يكاد يغمى عليه[112] من الضحك. لقد وجدت مقالات والدي كلعبة من لعب الأطفال لسذاجتها[113] ونصحته أن يصور هؤلاء السياسيين بطريقة كاريكاتورية عوضاً عن وصفهم بشتى الجمل المشاكسة وهكذا كان فأصبح مشهوراً بعد أن قامت نقابة المحامين بإيقافه عن العمل عدة مرات بسببها.

كنت أنا الثمرة الأولى لهذا الزواج الفكاهي ولكنني كنت أقرب إلى خالي في جديتي[114] وإلى أبي في حبي للمشاكسة. أما أختي سميرة فقد جاءت نسخة طبق الأصل عن أمها رتيبة خانم بسبب عدم اهتمامها بأي شيء يحصل مهما كان ونزوعها إلى الضحك.

***

111 قيّمة: valuable
112 يغمى (عليه): to faint
113 سذاجة: naïveté, simplicity
114 جدّيّة: seriousness

(7)

لم تستمر مقالات أبي طويلاً، فقد قام الزعيم، الذي كان ضابطاً عادياً في الجيش،

بانقلابه العسكري الذي أطاح[115] بكل أعداء أبي سواء كانوا في الحكومة أو في المعارضة

وأصبح هو الحاكم المطلق في البلد وأول شيء قام به الزعيم كان إيقاف جميع الصحف

عن الصدور والاكتفاء بصحيفة أو اثنتين تصدران عن الحكومة وتعبران عن وجهة

نظرها. ولكن الرجل المشاكس لم يكن قد فهم ما حدث في البلد كما يجب، رغم أن

صحيفته تلك التي كان ينشر فيها مقالاته قد توقفت عن الصدور[116]، فكتب مقالة

بنفس الروح المشاكسة ضمّنها[117] صور أمي الكاريكاتورية ولكن عن الزعيم هذه المرة

وأرسلها إلى إحدى صحف الحكومة وهو مطمئن البال فقد كانت أمي قد أصابته بعدوى

عدم الإهتمام وراحة البال، ولم ينتظر حتى تنشر المقالة بل راح يقرأها على زملائه

المحامين وأصدقائه الذين كانوا يرتادون نفس المقهى فلم يثر فيهم أكثر من ابتسامات

سريعة فقد شعروا بخطورة مثل هذه المقالات الساخرة والتي تصور الزعيم بهذا الشكل

الكاريكاتوري، وكان الحق معهم فقد كان الشخص المعني هو الزعيم نفسه وليس أولئك

السياسيين أصحاب بدلات السموكنغ[118] البيضاء.

كانت المقالة قد وصلت إلى المحرر فقرأها فتجمد الدم في عروقه فشعر بالدوار[119]

فأرسلها إلى رئيس التحرير بعد أن كتب كلمة « للتوجيه[120] » فقرأها رئيس التحرير

فتجمد الدم في عروقه هو أيضاً فأحالها إلى الوزير الذي غلى الدم في عروقه هذه المرة

---

115 أطاح— يطيح :to tumble
116 الصدور: publication
117 ضمّن— يضمّن :to enclose
118 سموكنغ: shiny
119 دوار: dizziness
120 توجيه: advisement

بسبب الغضب فأحالها إلى أحد أجهزة المخابرات فتم استدعاء أبي إلى التحقيق. استمر التحقيق معه ستة أشهر كاملة، ثم ولكي يريحوه من الذهاب والإياب قرروا أن يحتفظوا به في أقبيتهم لمدة مماثلة ليخرج بعدها وقد تحول من إنسان مشاكس إلى إنسان مسكين وليجد نفسه محروماً من المرافعة[121] كمحام في المحاكم لمدة سنتين أخريين. وهكذا، فقد تحول أبي من الدعابة إلى التَجَهم[122] وراح يمارس المحاماة كأكثر الناس جديةً وعندما كان يسمع أمي وهي تلقي إحدى نكاتها وتضحك كان يزفر ويتأسف على أيام زمان. أما في العمل فقد كان يتجهم ويطلب من الآخرين أن يكونوا جادين.

ولكن الحياة التي لا تفقه[123] بالسياسة قد تصرفت مع أبي بجدية كبيرة حتى مات، عندها ودعته بأكثر المواقف إثارة للضحك، فقد قمنا بدفنه في مقبرة جديدة لا تحتوي على أية نقاط علام[124]، وفي نفس اليوم دفن إلى جواره أكثر من ميت وكانت إحدى المتوفين راقصة شهيرة لها الكثير من الزميلات والمعجبين. ومن أجل أن تكتمل مزحة[125] الحياة فقد نسي التُرَبيّ[126] أي من القبرين هو لأبي وأيهما لتلك الراقصة، كما أن النَقَّاش[127] الذي قام بنقش شاهدة[128] أبي كان هو نفسه الذي طلب منه أحد أصدق المعجبين بالراقصة نقش شاهدة قبرها، وقد جاء في نفس اليوم وبنى القبرين ووضع عليهما الشواهد ولكن بتعديل طريف فقد وضع شاهدة الراقصة على قبر أبي ووضع شاهدة أبي على قبر الراقصة وأصبحنا كلما زرنا المقبرة نقرأ الفاتحة على قبر الراقصة بينما

121 مرافعة: pleading, argument
122 التجهّم: sullenness
123 تفقه: to understand
124 نقاط علام: markings
125 مزحة: joke
126 التُرَبي: the undertaker
127 النَقّاش: engraver
128 شاهدة: tombstone

راح العشرات من معجبيها وعشاقها السابقين وأيضاً الكثير من زميلاتها يأتون بالزهور

والرياحين إلى قبر أبي ويجلسون قربه ليذرفوا الدموع على راقصتهم الراحلة. وقد استمر

هذا الخلط عدة أشهر حتى صبيحة أول أيام عيد رمضان حين رافقتنا أمي وأختي إلى

المقبرة وهناك اكتشفت سميرة، التي تمتلك قوة ملاحظة قوية، الخطأ فتم تصحيحه.

(8)

حمدت الله على أن أمي كانت في المنزل، فقد كنت أعلم أنها قلما تخرج صباحاً ولكن فكرة ألا أجدها فاضطر إلى التسكع في الشوارع من جديد أخافتني حقيقة، فالمواصلات كانت مقطوعة بسبب المسيرة وكنت قد سرت على قدمي مسافة طويلة لكي أصل إلى منزلها. فتحت لي أم محمد الباب فوجدتها تستقبلني بحَفاوة[129]، فأم محمد هذه هي خادمة أمي التي وجدتها لها بعد أن توفي أبي. إنها تستقبلني دائماً بترحاب شديد وفي الفترة الأخيرة أصبحت تقبلني على خدي وتضغطني على ثدييها[130] لتعبر لي عن سعادتها بمجيئي. عندما تكون أمي في المنزل لا تدعها ترفع صوتها لذا فهي تتحدث همساً، أما عندما آتي وأجد أم محمد بمفردها فهي لا تتوقف عن الكلام وبصوت مرتفع ولذلك فإنني أهرب وأطلب منها أن تبلغ أمي السلام حين تعود. إنها الآن تحدثني بصوت خافت بعد أن جرتني إلى المطبخ. استفادت من حضوري فأشعلت سيكارة وراحت تدخنها، فأم محمد تحب التدخين مثلما تحب الشكوى باستمرار من نصيبها الأسود، وأمي لا تحب كلا العادتين لذا فوجودي يجعلها سعيدة.

— أين تجلس أمي؟

— إنها في غرفة نومها.

— ماذا تفعل هناك؟

— تتزين وهي تشاهد التلفزيون.

— التلفزيون، لا تقولي انها تشاهد المسيرة؟

— بل تشاهد المسيرة على التلفزيون. أنت تعلم جيداً أنها تحب متابعة

---

129 حَفاوة: warm hospitality
130 ثدييها: breasts

المسيرات لأنها على الدوام تجد فيها ما يضحك. قبل قليل نادتني لتريني منزلك الذي ظهر على الشاشة.[131]

— ما هذا المزاح؟ هل أستطيع الدخول عليها؟

— امكث معي قليلاً يا فتحي فأنا أريد أن أطلب منك طلباً بخصوص ابني محمد. انت أستاذ كبير ولديك معارف ما شاء الله.

— ما به ابنك محمد؟

— أريدك أن تجد له عملاً في البلدية.[132]

— ولكنني لا أعرف أحداً في البلدية.

— هل هذا معقول يا فتحي، فأنت شخص معروف وصورك تظهر في الجرائد، من المؤكد أن رئيس البلدية قد شاهد صورتك أكثر من مرة؟

— من قال لك هذا الكلام؟ ثم إنني من المغضوب عليهم هذه الأيام ولن يستمع أحد إلي. مضى زمن طويل منذ أن نشروا صورتي لآخر مرة، ثم أضفت راغباً في طمأنتها، عل كلٍ لا تقلقي سأتكلم مع أحد الأصدقاء من أجل ابنك محمد ولكنني لا أضمن أن يتم توظيفه في البلدية. رفعت عينيها إلى السماء وقالت تدعو لي:

— ربي يرزقك ابنة الحلال.. هيا اذهب إلى رتيبة خانم فلديها خبر سعيد من المؤكد انها ستقوله لك.

تركتها وخرجت من المطبخ الذي أصبح غارقاً في غَمامة[133] من دخان سكائر أم محمد. اجتزت الصالون الصغير ثم عبرت الممر الطويل الذي تصطف على جانبيه غرف النوم والحمامات. غرفة نوم أمي هي في نهاية الممر. سمعت صوت المسيرة التي كان

131 شاشة: screen
132 البلدية: city hall
133 غَمامة: cloud

ينقلها التلفزيون نقلاً حياً فنقرت[134] على الباب.

كانت أمي جالسة على السرير تنتظر لكي يجف الدهان الأحمر على أظافر قدميها. كانت ترتدي بيجاما قطنية بلون زهري بينما ملأت رأسها بلفائف الشعر البلاستيكية الملونة. كانت بجلستها هذه تستطيع مشاهدة التلفزيون دون عناء. فتحت لي يديها على اتساعهما لتستقبلني دون أن تتحرك فاحتضنتها وقبلتها ثم جلست على أحد المقعدين الملفوفين بقماش الساتان المزهر حيث أشارت ثم راحت تنفخ على أظافرها المدهونة.

إنها أرملة في الخامسة والخمسين من عمرها ولكنها تحب الحياة كفتاة في العشرين. تحب ان تبدو جميلة وشابة ومرحة وتصر على أن أمور الدنيا ليست بذات أهمية. ماذا تساوي أمور الدنيا لكي نهتم بها؟

***

134 نَقَرَ— يَنقرُ: to knock

(9)

علاقتي مع أمي فريدة[135] من نوعها فأنا أزورها يومياً وأجلس لأتابعها وهي تهتم بمظهرها كأي رجل يتابع امرأة يتفهم حاجاتها الغريزية، فأنا لا أوجه لها أية ملاحظة في هذا الشأن. ربما اعتدت توجيه ملاحظة بين وقت وآخر لسميرة ولكنني لا أفعل ذلك مع أمي كما أنها لا تتدخل في شؤوني. سألتني مرة إن كنت أنوي الزواج من لمى فقلت لها إنني حين أود ذلك فإنني سأخبرها، ومن وقتها لم تعد تسألني متى سأتزوج أو لماذا لا أفكر بالزواج. سميرة تتدخل في هذا الأمر وأكره القيام بزيارتها في بيتها لأنني أعرف أنها ستسألني لماذا أحب البقاء عازباً.[136] حتى أنها تتمنى لي زوجة أجمل من لمى وحتى الآن لا أفهم لم تتمنى لي ذلك. لماذا في العادة تتمنى الأخت لأخيها زوجةً أجمل من تلك التي يحبها؟ سميرة تزوجت تاجراً وهي سعيدة بسذاجته[137] الشديدة. تزوجت من ابن شريك خالها مفيد بعد ان استقل عن أبيه وافتتح لنفسه وكالة لبيع آلات الخراطة[138] الصناعية. حدث ذلك قبل سنة من وفاة أبي. علمته في البداية كيف يهتم بثيابه وعندما تمادت في تعليمه أوقفها عند حدها. أصبح هو يطالبها بأن تتشبه به، ولكي يعيشا في وئام[139] فقد توقفت عن الإيحاء له بما يجب أن يفعله وأصبحت توحي له بأنها تقلده حتى في سذاجته. سميرة على درجة كبيرة من الذكاء في حين أن زوجها يفتقر إليه ولكي تجعل زواجها ناجحاً تخلت عن الذكاء، إلا أنها لم تتخلّ عن حبها للفكاهة وعدم الاهتمام بالدنيا لأنهما من أهم أسباب نجاح زواجها، فقد أحب زوجها النكات التي كانت تحكيها له فكان يضحك حتى يمسك خاصرتيه أو ينقلب على ظهره.

---

135 فريدة: unique
136 عازب: single
137 سذاجة: simple-mindedness
138 الخراطة: molding,welding
139 وئام: peace

أما موهبة «التَطنيش»[140]، وهي مفردة أمي في عدم الاهتمام، فقد ساعدتها على تحمل سذاجة زوجها. إنني أتوقع أن يخلفا بعد سنوات طفلاً متخلفاً عقلياً.

أعود للحديث عن أمي فأنا أجد في ذلك متعة فائقة. قلت إنني اعتدت زيارتها يومياً فهي الوحيدة التي في زيارتي لها يزول حزني وأنسى همومي. أجلس حيث تكون، في غرفة الجلوس أو في غرفة نومها، وأتابعها وهي تقوم بالاهتمام برونقها فيما نتحدث بدون انقطاع. تجعلني أهتم بأخبار صديقاتها وأين يشربن القهوة والى أين يفكرن في الذهاب برحلة ما، ثم تسرد علي تفاصيل غريبة عجيبة عن حياة صديقاتها العائلية ثم تسألني رأيي عما يجب أن ترتدي عندما ستخرج معهن في زيارة هذا المساء وغيرها من الأمور النسَويَّة. عندما تجدني أستمع إليها بدون حماسة فإنها لا تتأخر في إطلاق تعليق طريف فأضحك. أما اليوم فقد كان التلفزيون يعمل وهي جالسة على السرير وقد سحبت ركبتيها إلى الأعلى لتتمكن من النفخ على أظافر قدميها وبين الفينة والأخرى كانت تلقي نظرة إلى الجهاز الذي يعرض المسيرة. لم نكن صامتين بل كنا نتحدث، كانت تقول وهي تشير إلى المسيرة:

— لقد ظهرت بنايتك وبالتحديد بيتك قبل قليل.

— نعم، قالت لي أم محمد. فقالت بتهكم:

— أم محمد ليست وطنيَّة[141] لأنها لا تخرج في المسيرات.

— نعم، هكذا يسمون من يتخلف عن المسيرات.

— ولكنك لم تكن على الشرفة حين ظهرت شقتك، يا خسارة، فأنت منذ زمن بعيد لم تعد تظهر على التلفزيون. قلت لأم محمد كان عليك أن تقف على الشرفة لتحيي الجماهير.

140 التَطنيش: willingly ignoring irritating things
141 وطنيَّة: patriotic

— سوف أعود الآن وأفعل ذلك.

ابتسم كل منا لنكتة الآخر. لاحظتُ كم كانت صور الزعيم كثيفة في المسيرة، فقد كان كل واحد من الجمهور يحمل صورة كما أن الصور القماشية كبيرة الحجم معلقة على الأبنية حتى أن واجهة الفندق الوحيد في الساحة قد تغطت بلوحة مرسومة بالألوان للزعيم. كيف لم أشعر بكثافة الصور حين كنت في المعمعة[142]؟ يبدو أن الشاشة تظهر الأمور التي لا يراها المرء في الواقع بشكل أفضل لأنه ينظر من خارج الحدث.

سألتني:

— لماذا يهتفون: عظيم عظيم يا زعيم؟

— لأنه عظيم. نظرت إلي متفاجئة وهي تسأل:

— ماذا؟

— لأنه عظيم حسب التعليمات. اطمأنت إلى أنني لم أتغير فأطلقت إحدى تصوراتها الكاريكاتورية:

— لو أنهم يهتفون سمين سمين يا زعيم لأنه سمين حقاً.

— لا يجب أن يرى الناس عيوب الزعيم.

— البدانة ليست عيباً ولكن الهتاف سيكون أكثر واقعية، ثم إنني أحب الرجال البدينين، للأسف فقد كان والدك نحيفاً فلم أكن أجد مكاناً لأدغدغه[143] فيه.

— يسعدني أن والدي كان نحيفاً وأورثني لياقته.. هل حقاً تتمنين لو كان سميناً؟

— أتمنى لو كان مثل الزعيم، أعتقد أن الزعيم يحب الدغدغة.

— وكيف عرفت ذلك؟

— عندما يضحك يضم ذراعيه إلى جنبيه، هكذا يفعل من يضحك عندما يدغدغه

---

142 المعمعة: the crowd
143 دغدغ– يدغدغ: to tickle

أحد ما.

— يجب أن تنتبهي، فنكتة حول الزعيم يكلف صاحبها ستة أشهر عُرفي[144].

— هذه ليست نكتة بل اكتشاف. هل سيلقونني في السجن لأنني اكتشفت أن

الزعيم يتعرض للدغدغة باستمرار؟

— إن أي نكتة أو معلومة تضر بهيبة[145] الزعيم ووقاره يعرض صاحبها

للاستدعاءات أو ربما للأحكام العرفية.

— ولكنني أحبه، انظر إلى صورته.. له وجه طفولي محبب إلى النساء.

كان التلفزيون يعرض مشهداً من المسيرة تظهر فيه غابة الصور. لقطة أفقية

موجهة إلى ما فوق رؤوس الجماهير بمتر واحد حيث آلاف الصور المثبتة على ألواح من

المعاكس[146] لها مقابض من الخشب. سألتني:

— لماذا يحملون كل هذه الصور برأيك؟

— لأن على المواطن ألا يرى شيئاً آخر غير وجه الزعيم. أينما استدار عليه أن

يواجه صورة الزعيم.

— ألا تكفي صورة كبيرة واحدة يحملها عدد من الرفاق؟

— حسب رأي الزعيم فإنها لا تكفي.. إن رؤية أي شخص لا يحمل صورة ولا

يهتف باسمه تجعل الزعيم قلقاً. إن ما يطمئنه حقيقة رؤية الجميع يحملون صوره.

على المليون شخص أن يحمل مليون صورة. هذا مطمئن. إنه يعتقد أنه بهذا الشكل

يضمن محبة الجماهير.

أصبحت الكاميرا ترصد مجموعة من الشبان تهتف وهي تتقافز[147] في دائرة حين

---

144 عُرفي: summary arrest
145 هيبة: respectability
146 المعاكس: cardboard
147 تقافر— يتقافز: to jump at each other

حصل تدافع وصراخ وأصبح مركز الدائرة متوتراً وصار الشبان يبعدون بعضهم عن نقطة معينة من المركز. يبدو أن أحدهم كان قد سقط وراح الآخرون ينبهون بعضهم بعضاً إلى ذلك، إلا أن التدافع كان على أشده فتحركت نقطة المركز من مكانها وهذا يعني أن الذي سقط يتم الآن دهسه بالأقدام وما لبث البعض أن تعثر بجسده وسقط بدوره وحصل هرج ومرج وتدافع أقوى فاضطر المخرج إلى تحويل الكاميرا. انشغل بالي فجأة. تصورت أنه ربما قُتل ذاك الذي سقط في البداية وفي حال استمر التعثر والتدافع والوطء[148] فإن أكثر من شخص سيموت في هذا الحر غير المحتمل. فهمت أمي سبب قلقي فقالت بسخرية:

— إنه الموت من أجل الزعيم.. لا تقلق، فهذا شرف عظيم.

— شاهدت الرفاق قبل أن آتي إلى هنا يضربون أحد الشبان ضرباً مبرّحاً لأنه كان يحاول الهرب.

تأكدت أمي من جفاف الدهان على أظافرها فنهضت وجاءت لتجلس على المقعد الآخر. فكرتُ بأنها ربما تكون بائسة عندما تهتم بنفسها إلى هذا الحد. وأنا نفسي أرى ذلك تعويضاً عن شيء ذهب ولن يعود. بدأت إهتمامها بنفسها بعد ترملها بستة أشهر، وهي تتمسك الآن بأن تبدو أصغر سناً مما هي عليه. وفي كثير من الأحيان تمضي يومها في التجمل ولا تخرج من البيت على الإطلاق وعندما تنتهي من الماكياج وتصبح راضية عن نفسها يكون الليل قد حل فتزيله وتذهب إلى النوم. سميرة ومنذ أن صدمت بزواجها أهملت نفسها ولم تعد تضع الماكياج إلا في حدود المعقول حين يكون عليها أن تخرج من البيت. وفي كثير من زياراتي إليها وجدتها بدون أي إضافة على بشرة وجهها.

قالت وقد أصبح التلفزيون في زاوية تصعب فيها متابعتها له:

148 الوطء: stepping

— أحمد الله لأنني امرأة ولا يجبرونني على الخروج في المسيرات.

— انهم يخرجون النساء أيضاً.

— نعم، ولكنهم لا يستطيعون إخراج سيدات البيوت من غير الموظفات.

— إحمدي الله على أنك لا تحبين الإهتمام بشؤون الدنيا على الإطلاق.

سألتني « التطنيش؟ « قلت لها نعم «التطنيش». لاحظتْ اكتئابي[149]، فقالت وقد أصبح التلفزيون بعيداً عن إهتمامنا:

— وماذا عنك أنت؟

— ماذا عني أنا؟ لا شيء..

— مضى وقت طويل وأنت على هذه الحالة. لماذا لا تأتيني بنُكتة[150] عوضاً عن هذا الصمت الكئيب؟

— تعرفين أنني لا أجيد إطلاق النكات.

— هل تحتاج إلى نقود؟

— إن منحتني شيئاً فلن أرفض.

— سوف أعطيك بعض المال، ولكن، هل تكتب؟

— تعرفين أنني ممنوع من الكتابة في الصحف وكتبي لا يتم الموافقة على نشرها.

— اكتب أي شيء.. تسلى.

— سوف أكتب رواية.. أو ربما مسرحية.. لم أقرر بعد.

— قرر بسرعة، أنت تكتب نصوصاً جميلة.

— أنت لم تقرئي لي شيئاً.

149 اكتئاب: depression

150 نُكتة: joke

— أبوك كان معجباً بكتاباتك.. ثم إن الناس يحبونك فهم يدعونني بأم الكاتب.

— كان زمان.

— لا تكن عنيداً.. سوف أشتري نصوصك بنفسي. قدم لي رواية جديدة وسأدفع

لك ألفيّ دولار.

— هل هذه نكتة جديدة؟

— أبداً.

— إذن، سوف تكون روايتي القادمة عنك أنت بالذات.

✱✱✱

(10)

ضحكت فبانت حشوات[151] أسنانها، ثم أن أسنانها كانت قد استطالت قليلاً. شعرت ببؤسها للمرة الثانية. نادتنا أم محمد فانتقلنا إلى غرفة الجلوس لشرب القهوة.

هناك شعرت بها متوترة[152] قليلاً وهذه هي المرة الأولى منذ زمن طويل التي أراها فيها متوترة بهذا الشكل، فقد تركت مقعدها وراحت تنظر إلى الخارج عبر النافذة. حسبت أن الأمر بسبب قلقها علي ولكنها عادت للجلوس لتشعرني بأنها على ما يرام. أثناء مرورها بجانبي داعبت شعري بحركة تتقنها جيداً. قالت بصوت هادئ وجاد:

— فتحي، أريدك ان تتعرف على شخص يهمني أمره.

— لا بأس.

— ولكني أريد أولاً أن أشرح لك الموضوع.

— أي موضوع؟

— الموضوع الذي بسببه أريدك أن تتعرف عليه.

وضعت فنجان قهوتي لكي أجعلها تشعر بأنني استمع اليها بشكل جيد، أما هي فقد استمرت في امساك فنجانها وتقريبه وإبعاده عن فمها. تابعت وهي تنظر في عيني:

— انه يريد أن يخطبني[153] منك.

ليس هناك من خطأ، فقد فهمت ما قالته تماماً ولكنني تساءلت:

— يريد أن يخطبك[154] مني؟

— بالضبط. أقصد أننا سنتزوج، وبما أنك ابني الكبير فإنه يريد أن يتعرف عليك ليطلب يدي منك. هل قصدي واضح؟ أمك ما تزال صبية ومرت خمس سنين على وفاة

---

151 حشوات: teeth fillings
152 متوترة: stressed out
153 خَطَبَ — يخطُبُ: to ask someone's hand in marriage
154 خطب — يخطب: to betroth

المرحوم والدك وهناك رجل يريد أن يتزوجها. المسألة واضحة، أليس كذلك؟ قلت وأنا أحتاج إلى وقت لأجد نفسي أين أنا من كل هذا الموضوع:

— فاجأتيني يا أمي.

— لو كنت خائفة من ردود أفعالك لكنت عملت مقدمات.. لكنت لمحت لك منذ البداية ولكنني دخلت في الموضوع مباشرة. إدرس الموضوع إن كنت تود ذلك ولكن عليك ان تأخذ بعين الاعتبار أنني مازلت صبية وأنا موافقة على الزواج، بل إنني بحاجة لأن أتزوج. هل تريد أن أحدد الموعد معه أم أنك تريد وقتاً للتفكير؟

ابتسمت وأبعدت عيني عنها وعدت لأحمل فنجاني، ففناجين القهوة تساعد على إخفاء ما نريد إخفاءه. ابتسمت لأن أمي تريد أن تتزوج وهي الآن مرتبكة[155] وتريد موافقتي. لم أقابلها وهي على هذه الدرجة من الارتباك فقد بانَ[156] ارتباكها حين سألتني إن كنت أريد وقتاً للتفكير، فمن هو الذي سيتزوج، أنا أم هي؟ نظرت إليها فوجدت عينيها تنتقلان بيني وبين فنجان قهوتها. في تلك اللحظة كنت أعطف عليها فأنا أحبها كثيراً، وفي هذه اللحظة بالذات، أحبها أكثر من أي وقت آخر. كنت أريد أن اقول لها أي كلمة أطمئنها بها إلا أن التلفزيون الذي تركناه مشعولاً[157] في غرفة نومها بدأ يقدم قصيدة لأحد الشعراء والذي كان يلقيها بنفسه في هذه اللحظة على الجماهير المحتشدة في ساحة المدينة فشتتني صوته.. سمعت الشاعر يقول بصوته الجَهوري[158]: «عظيم الأمة زعيم الرجال و..» سمعتها تسألني:

— ماذا قلت يا فتحي؟

— من يكون هذا الشخص؟

155 ارتبك— يرتبك: to feel ill at ease

156 بانَ—يبين: to be apparent

157 مشعول: turned on

158 جَهوري: loud, audible

— هذا الأمر يربكني أكثر.. انه معروف وأظنك تعرفه.

— أعرفه أنا؟

— قلت أظن أنك تعرفه، إنه السيد هائل علي حسن.

— أعرف شخصاً واحداً بهذا الاسم.

— هو نفسه.

كان الشاعر مستمراً في قراءة قصيدته: «ألقِ عليهم حِمَماً[159].. من غضبك.. يا سيدي».

أجد أن علي أن أشرح للقارئ من هو السيد هائل هذا لكي يتصور حالتي في تلك اللحظة، فلا معنى لكلمة الذهول لأنني لم أكن منذهلاً[160]، ولا معنى لكلمة الغضب لأنني لم أكن غاضباً ولم أكن سعيداً أو حزيناً أو خلافه ففي الحقيقة لم أكن أشعر بشيء لأن السيد هائل هذا والذي يريد أن يتزوج أمي لا يترك في النفس أي شعور، ليس لأنه بدون أهمية بل على العكس، لأنه فائق[161] الأهمية، والسبب هو أنني أجد نفسي بعيداً عن محيطه ولذلك لم أشعر بشيء. إنه مثل أن يسمع المرء أن ملياردير اً أميركياً غير معروف قد أفلس أو أن شخصاً غير معروف قد هبطت عليه ثروة كبيرة. دائماً كنت أشعر بأنني بعيد عن الاهتمام ببعض الأشخاص ومنهم السيد هائل علي حسن لأنهم كالقدر أو كالعادة المتمكنة[162] من صاحبها. سوف أشرح الأمر بمثال آخر، يصدف أن يُقيل[163] الزعيم مسؤولاً معيناً من منصبه فتقرأ في الصحيفة الخبر فلا يترك ذلك أي أثر في نفسك وتسرع بقراءة الخبر التالي. ومثله عندما تقرأ أن الزعيم قد كافأ أحد أعوانه فجعله مسؤولاً كبيراً أو قام بترقيته إلى منصب أعلى. إن مثل هذه الأخبار وبعد عشرين

159 حِمَمْ: lava
160 ذهول— منذهل: stunned
161 فائق: many, much
162 متمكنة: entrenched
163 أقال— يُقيل: to fire

سنة من حكم الزعيم تجعل المرء بدون ردود أفعال. لقد أصبحت أية معلومة، حتى لو كانت عن الشخص الذي سيتزوج أمي، وهو هنا أحد أعوان الزعيم، يشبه ذاك الخبر الذي تقرأه في الصحيفة المحلية ولا تهتم به.

في إحدى المرات وبينما كان الزعيم في زيارة إلى إحدى البلدات النائية وبينما كان محاطاً بعدد كبير من المسؤولين الكبار والصغار، وبينما كان المكان يغص بالجماهير المحاطين بحرس الزعيم يمنعونهم من الاقتراب منه أكثر من اللازم، وبينما كانت عدسة التلفزيون المفضلة لدى الزعيم تلتقط كل حركة يقوم بها وخاصة يده اليمنى التي ترتفع لتحيي الجماهير التي تظهر مبتهجة جداً بهذه الزيارة المباركة لبلدتها المنسية، أقول وبينما كان كل ذلك يجري على أحسن ما يرام حدث ما لم يكن أحد يتوقعه، فقد تعثر الزعيم وفقد توازنه وكاد يسقط على الأرض لو لم يمسك به شخص ما كان يقف خلفه صدفة لأنه لم يكن مسؤولاً معروفاً أو ذا قيمة وأعتقد أنه كان يشغل منصب عضو المجلس البلدي في تلك البلدة السعيدة.

كان سعيد الحظ ذاك هو السيد هائل علي حسن. أقول سعيد الحظ لأنه لم يكن يحلم طوال عمره بنظرة أو بابتسامة من الزعيم فكيف به يحظى بهذا الشرف العظيم بأن ينقذ الزعيم من السقوط والتمرغ بالتراب أمام أعين الملايين سواء الموجودين منهم في المكان أو الجالسين في بيوتهم يتابعون هذه الزيارة المباركة على شاشة التلفزيون. كان البث قد انقطع لعدة دقائق بتصرف حكيم من المخرج فلم يشاهد الناس ما جرى خلالها (وقد تم قص الشريط لحظة التعثر وتم إتلاف المقطع وطلب من الجميع تناسي الموضوع وكأنه لم يحصل ولم يعد يذكر أبداً وأنا أغامر[164] بذكره الآن وربنا يستر..) إلا أن من كان هناك ويقف قريباً من الزعيم، ولم يكن منشغلاً بالهتافات الحامية، شاهد كيف

164 غامر— يغامر: to take a risk

أن عضو المجلس البلدي المغمور[165] قد سبق الجميع، وخاصة حرس الزعيم الخاصين، فأمسك به من إبطيه[166] بحركة سريعة وفي الوقت المناسب، فلم تصل مؤخرة الزعيم إلى التراب، ثم رفعه بقوة وبسرعة وقد احتضن الجسد من الخلف، وعندما تأكد من أن الزعيم قد أصبح على قدميه ابتعد عنه بوصة واحدة، ولكن دون أن يحرر إبطيه لأنه وبسرعة بديهة[167] لا مثيل لها، أراد أن يكافأ على فعلته هذه. استدار الزعيم ليكتشف أن من أنقذه من السقوط ومن أنقذ كرامته وهيبته وأناقة ثيابه، لم يكن واحداً من حرسه ولم يكن ظله الذي يتبعه ويقف خلفه ويميل حين يميل ويتحرك حين يتحرك، بل كان شخصاً غير معروف بالنسبة له ولم يكن قد رآه من قبل. كان شخصاً بوجه ريفي عادي ولكن بعينين حادتين وبطموح لا حدود له للتقرب منه وخدمته. كان شخصاً يبحث عن فرصته وهاهي ذي قد حانت، فقد أحنى رأسه للزعيم الذي إحمَّرَ وجهه بسبب التعثر وكأنه يقول له إنه هو الذي أنقذه وهو الذي يطلب المكافأة الآن. حرر الزعيم نفسه من يدي عضو المجلس البلدي، وفي هذه اللحظة كان ظل الزعيم يحاول دفع هائل والإيحاء لمعلمه بأنه يتدخل، إلا أن الزعيم رفع يده يوقفه ثم ربت على ذراع عضو المجلس البلدي وقال له وهو يبتسم بامتنان «أشكرك..».

عاد البث التلفزيوني ليرى المشاهدون، وهم في الحقيقة كل فرد في هذا الوطن، الجماهير وهي تحيي الزعيم وتهتف له ويسقط ضعاف القلوب مغشياً[168] عليهم بسبب الحر والغبار والجهد الهائل المبذول في الصراخ بالهتافات، كما رأى المشاهدون الزعيم وهو يحيي الجماهير بيده اليمنى محاطاً بعدد كبير من المسؤولين الكبار والصغار وبعدد أكبر من الحراس الخاصين الموزعين في كل الأنحاء. ولكن المشاهدين، حالهم حال

165 مغمور: insignificant
166 إبط: underarm
167 بديهة: wit
168 مغشياً (على): to faint

المحيطين بالزعيم، لم يعودوا يأبهون لشخص عضو المجلس البلدي، لأن المسؤولين الأعلى منه والحرس الخاصين قد دفعوه أبعد فأبعد عن الصف الذي يأتي بعد الصف الذي يقف فيه الزعيم، ولكن قلب السيد هائل الذي أصبح موقعه في الخلفية راح ينبض بقوة وحرارة وقد ارتفعت نسبة الأدرينالين في دمه، فراح خياله يسرح في عوالم بعيدة عن هذا الاحتفال، قابضاً بذهنه على صورة الزعيم وهو يبتسم ويقول له « أشكرك..».

انتهى المهرجان ورحل الزعيم ومرافقوه وحرسه الخاص وكاميرات التلفزيون بسياراتهم المائة والعشرين بصخب وبغبار كثيف، وعاد الناس إلى بيوتهم وأعمالهم، ثم عقد المجلس البلدي اجتماعاً فورياً لتدارس نتائج زيارة الزعيم إلى البلدة والمكاسب المحتمل الحصول عليها من هذه الزيارة، ولكن، ويا للعجب، فقد بدأ جميع أعضاء المجلس بمن فيهم الرئيس بالنظر إلى السيد هائل نظرة أخرى غير معهودة فيها شيء من الاحترام والتوجس[169]، ولم يعودوا يسكتونه أو يقاطعونه حين يتحدث، ولم يعد رئيس المجلس البلدي يسكته بالقوة قائلاً له « اسكت ياه.. إيش هالأكل خرا[170]» بل راح الجميع يستمع إليه بإهتمامٍ، حين راح يعدد المكاسب التي من المحتمل أن تحصل عليها البلدة أو المكاسب الشخصية التي قد يحصل عليها بعض أعضاء المجلس البلدي ورئيسه، ولم يفوت على نفسه الفرصة فذكّرهم عدة مرات بأن الزعيم قد ابتسم له وشكره «شخصياً».

بعد عدة أيام وصلت من العاصمة سيارة مسرعة تثير الغبار الكثيف ، وما إن سمعت أصوات المكابح الحادة للسيارة حين توقفت بجانب مبنى المجلس البلدي، حتى نزل منها ثلاثة أشخاص يرتدون ثياباً أنيقة ويبدو على واحد منهم أنه كان قائدهم،

169 التوجس: unease
170 خرا: shit

ودَلفوا[171] مسرعين أيضاً إلى داخل المبنى، غير آبهين[172] بنظرات الحارس المسكين مسعود الذي كان يدخن ويسعل ثم يبصق ويدخن. وفي غرفة رئيس المجلس التي دخلوها كالغزاة[173] تردد اسم السيد هائل علي حسن. وبما أنه كان غائباً في ذلك الوقت لأنه لم يكن قد كلف مطلقاً بمهمات محددة تستوجب وجوده كما هو عليه حال باقي الأعضاء، فقد أرسل رئيس المجلس كل من خطر على باله للبحث عنه. وعندما مرت عدة دقائق ولم يجدوه، وكان رجال العاصمة لا يطيقون الجلوس على المقاعد التي دعاهم الرئيس لاحتلالها، فقد انطلقوا هم أنفسهم وبسيارتهم المثيرة للضجيج والغبار للبحث عنه، فوجدوه يطعم أحد العجول[174] التي يملكها في الحقل، فقبضوا عليه ثم ساقوه إلى بيته وطلبوا منه أن يغتسل في الحال ويرتدي بدلة غامقة وربطة عنق صفراء، ثم قادوه مقطوع الحيل ويكاد يبلل سرواله من الخوف إلى خارج المنزل تلحق بهم عيشة زوجته وأطفاله الخمسة الصغار وهم يبكون. أما الشارع خارج المنزل فقد كان ممتلئاً عن بكرة أبيه بالناس الذين دفعهم فضولهم للتجمهر[175] هناك، لعلّهم يحصلون على تفسير لما كان يحصل، ثم حُشر[176] السيد هائل عضو المجلس البلدي المسكين بين رجلين في المقعد الخلفي للسيارة وانطلقت بهم مخلفة وراءها زوبعة[177] من الغبار والذباب ومئات الأسئلة التي طارت في الجو المغبر دون أجوبة.

« إلى أين يأخذون السيد هائل؟ — ماذا حصل بالضبط؟ — انظروا إلى زوجته عيشة وأطفالها الصغار كيف يبكون - هل صحيح أنهم يسوقونه إلى أحد فروع الأمن؟ — هل صحيح أنه دفع الزعيم أثناء الزيارة المباركة وكاد يوقعه؟ — ما هي تهمته

---

171 دَلف — يَدلف: دخل: to enter
172 غيرآبه: notwithstanding, not taking into consideration
173 غزاة: conquerors
174 عجل — عجول: (bulls)
175 تجمهر: gathering
176 حشر — يحشر: to stuff forcefully
177 زوبعة: swirl

بالضبط؟ — لماذا لا تطلبون من الشيخ سعيد أن يُبيّت له استخارة[178]؟ — هل صحيح أنهم أخذوه ليعدموه؟[179] — هناك من قال إن السيد هائل مشترك في مؤامرة[180] على الزعيم انكشفت في آخر لحظة، هل هذا صحيح؟ — هل صحيح أنهم بدأوا بمحاسبة الفاسدين فالسيد هائل، كما هو معروف، يسرق من المجلس البلدي؟ — مسكينة يا عيشة على هذه الورطة[181]..»

أسئلة كثيرة طرحت في ذلك اليوم في تلك البلدة النائية ولم يحصل السائلون على أي جواب، ولم يعد السيد هائل إلى البلدة ليجيب على أسئلة الناس الحيارى[182]، بل إن سيارة أقل صخباً قد وصلت بعد أسبوعين من العاصمة وتوقفت أمام منزل السيد هائل وخرج منها رجلان، فأمرا عيشة وأطفالها الاستعداد بسرعة للسفر معهما، وهذا الأمر جعل الناس أكثر حيرة عن مصير الأب والأم والأطفال، ولم يزِل الناس في حيرة حتى شاهد البعض من أهل البلدة السيد هائل على التلفزيون وهو في أحسن حال، حتى أنهم ذكروا انه كان يبتسم بمهابة، فماذا حصل له إذاً؟

درس الزعيم، بصحبة جميع رؤساء الأجهزة الأمنية وحرسه الخاص، الشريط الذي التقط له أثناء تعثره في تلك البلدة النائية، ليعرفوا ماذا جرى بالتحديد ولماذا تعثر ولماذا لم يكن ظله خلفه في تلك اللحظة وعشرات الأسئلة التي يحرص الزعيم على طرحها على مساعديه بعد كل حادث طارئ. كان الرؤساء جالسين منتصبي القامة على طرفي طاولة الاجتماعات التي يبلغ طولها ستة أمتار، بينما كان الزعيم يتصدر الجلسة في حين راح المهندسون يعرضون ذلك الجزء من الشريط مرات ومرات على شاشة عريضة نصبت في الطرف الآخر من الصالة. استنتج الجميع بأن الرجل الظل قد أخطأ بتركه لمحله وأن

178 يُبيّت استخارة: to predict by praying and hoping to see the answer to a predicament in a subsequent dream
179 عدم— يعدم: to execute
180 مؤامرة: conspiracy
181 ورطة: predicament
182 حيارى: perplexed

العناية الإلهية هي التي أنقذت الزعيم من السقوط حين تواجد خلفه شخص سريع البديهة[183] وذي رد فعل سريع وصائب، والأهم من كل هذا أن ذاك الشخص يحب الزعيم ويتفانى في خدمته لأن ردة الفعل اللاإرادية التي أتى بها، حين أمسك بالزعيم بهذا الشكل وفي الوقت المناسب، تثبت نظافته وأهليته[184]، وأنه يمكن الاعتماد عليه كشخص موثوق.

أقال الزعيم ظله وعيّن شخصاً آخر مكانه ثم طلب أن يتم إعادة عرض جزء التعثر بالحركة البطيئة بدون توقف، على الشبكة الداخلية للقصر لكي يتفحصها باستمرار أينما ذهب وفي أي اتجاه نظر، فشاشات التلفزيون مزروعة في كل أرجاء القصر، لا يخلو مكان منها وخاصة غرفة نومه وفي الحمام حيث ينفرد الزعيم بنفسه فتصفو ملاحظته. وفي الليل، وبينما كان مستلقياً على السرير يعيد مشاهدة جزء التعثر هذا شعر بأنه يحب هذا الشخص غير المعروف بالنسبة له. كان أكثر ما لفت انتباهه وجعله يدمن على مشاهدة صور تعثره وإنقاذه، هي حركة الشخص الذي كان يقف مسترخياً خلف الزعيم، وفجأة بدأ الزعيم بالسقوط إلى الأسفل عندئذ مد الشخص يديه إلى تحت إبطي الزعيم وراح ينزل معه. حركة هبوط الشخص مع سقوط الزعيم مدهشة خاصة بالعرض البطيء، وعندما وصل الجسدان إلى مستوى معين توقف جسد الشخص عن الهبوط ثم التحم الجسدان وبدأ بالصعود بقوة الشخص نفسه، وعندما عاد الزعيم إلى وقفته السليمة استمر التصاق جسد الشخص بظهره لفترة ثلاث ثوان ثم انفك عنه وبقيت يداه تحت إبطي الزعيم، عند ذاك صار يشاهد نفسه كيف استدار إلى الخلف مع استمرار وجود اليدين تحت إبطيه ليرى وجه الشخص. في هذه اللحظة، وهو ينظر إلى الوجه، انفكت اليدان عن إبطيه وأحنى الشخص رأسه احتراماً. بسبب تأمله آلاف المرات

183 سريع البديهة: quick-witted
184 أهليته: suitability

وبالحركة البطيئة لحركة جسد الشخص ووجهه أصبح يحب الشخص. وإذا أحب الزعيم

شخصاً فكأن ليلة القدر [185] قد نزلت عليه. إن إبطيه مازالا يؤلمانه بسبب إمساكه له

بقوة من الخلف كما أن ظهره مازال يشعر بدفء الشخص الذي التصق به، ولذلك،

فهو يحب ان يعرف من هو هذا الشخص ويحب ان يقابله ويكافئه. أعطى تعليماته

في الساعة الثالثة صباحاً وفي الثانية بعد الظهر أدخلوا عليه الشخص وقد حرص على ان

يكون اللقاء في ركن غير رسمي.. على مائدة الغداء تحديداً.

من عادة الحرس الخاص أو عناصر الأجهزة الأمنية أن لا يبوحوا لأي كان بأي

معلومة مهما كانت في حال قاموا بأخذ شخص ما من بيته في مهمة معينة، وهذا

بالضبط ما حصل مع السيد هائل، فقد كاد يقبل أيدي الثلاثة الذين جاؤوا وأخذوه من

بلدته ليعرف إلى أين يقودونه وما المناسبة وماذا سيحصل له إلا أنهم كانوا ينظرون

إليه صامتين بنظرات غير مطمئنة. من عادتهم الصمت. ثم إن أي كلمة قد تودي

بصاحبها إلى المحاسبة [186]، ولذلك فقد ظل السيد هائل غير عارف ماذا يجري له واكتفى

بالارتجاف [187] واصفرار الوجه، وقد كان على هذه الحالة حين دفعوا به إلى غرفة طعام

الزعيم دون أن يعرف أنه بصدد مقابلة الزعيم. ثم إنه عندما أصبح في الداخل لم

يتعرف على الفور على الزعيم الجالس في الطرف الآخر من المائدة وبثياب عادية وهو

يمضغ طعامه، بل حسب انه أحد المسؤولين العاديين، فبسبب خوفه وضياعه نسي وجه

الزعيم ولم يعرفه إلا عندما طلب منه الاقتراب ثم نهض وهو يمسح يديه وفمه بالفوطة

وصافحه مرحباً به وطلب منه الجلوس إلى يمينه وتناول الطعام معه، فكاد يغمى على

السيد هائل من الفرح هذه المرة.

تحادثا طويلاً أثناء تناول الطعام فعرف الزعيم كل شيء عن السيد هائل، ثم دعاه

---

185 ليلة القدر: Night of Power
186 محاسبة: questioning
187 ارتجاف: trembling

لشرب الشاي في ركنه المفضل، وهو عبارة عن غرفة زجاجية مليئة بالزهور والنباتات الغريبة وهما يدخنان السيكار، ثم طلب الزعيم من مساعديه أن يقودوا السيد هائل إلى إحدى الغرف المخصصة لمبيت الضيوف ليحظى[188] بشيء من الراحة، وفي المساء دعاه إلى صالة الفيديو لمشاهدة عدة ساعات من التسجيلات للجماهير وهي تهتف له وتميت نفسها في سبيله.

دامت الضيافة في قصر الزعيم ثلاثة أيام قاما خلالها بتناول كميات هائلة ومختلفة من الأطعمة، لعبا معاً بطاولة الزهر، سبحا في المسبح الخاص وجلسا في الساونا وركضا في الحديقة وتدربا في الصالة المخصصة على الأجهزة الرياضية، وفي المساء كانا يشاهدان أشرطة الفيديو للجماهير. وفي صباح اليوم الرابع طلب منه المساعدون ان يقابل الزعيم قبل أن يرحل، وقد قابله هذه المرة في مكتبه فسأله في أي منصب يريد أن يعينه فيه ليقوم بخدمته على أكمل وجه، فلم يجد السيد هائل في ذهنه، آنذاك[189]، سوى منصب رئيس الشرطة في بلدته فاستغرب الزعيم من هذا الطلب وشعر بالعطف على تواضع صديقه فرفض تعيينه بأي منصب يبعد السيد هائل عن العاصمة وعنه شخصياً فعينه رئيساً لأحد الفروع المسؤولة عن أمنه الخاص.

قلت لأمي التي كانت تنتظرني لأفتح فمي:

— كيف تعرفت عليه؟

— قصة طويلة، إحدى صديقاتي هي في الحقيقة زوجة مدير مكتبه. سألتني إن كان لدي مانع في أن أتعرف عليه لأنه طالب زواج. يبدو أنهم كانوا قد تحدثوا في الأمر قبل أن تعرض علي شرب القهوة.

— وهل قابلتيه؟

---

188 حظى — يحظى: to take
189 آنذاك= في ذلك الوقت: at that time

— نعم.

— كل الناس يعرفون أنه متزوج من واحدة اسمها عيشة.

— لقد طلقها، لم تعد ملائمة لوضعه كمسؤول كبير في الدولة.

— هل يعرف أنني لا أحبهم وهم لا يحبونني؟

— إنه يعرفك جيداً ويقول إنه قرأ لك.

— كيف ستتزوجين شخصاً ممن أساؤوا إلى زوجك المرحوم[190] ويضايقون ابنك ويمنعونه من الكتابة؟

— هذا كان في الماضي، أما بالنسبة لك فأعتقد أنك ستحصل في المستقبل على دعم قوي و بإمكانك العودة إلى الكتابة في صحافتهم.

— أرى أنك مصممة على الزواج.

— مازلت صبية ويحق لي على ما أعتقد.

— ما رأي سميرة؟

— إنها ليست مهتمة.

إذاً، فأنا الإنسان الوحيد المهتم من كل هذه السلالة[191]. نسيت أمي كيف كانت تصورهم لأبي وكيف كانت تؤلف النكات عنهم. إن «تطنيشها» جعلها دون أن تعلم تقف في صفهم. رأيت أن أتّبِع أسلوب أختي فنهضت مستعداً للرحيل. ودعتني حتى الباب الخارجي وهناك سألتني عن موقفي بعد أن دست في يدي بعض النقود فقلت:

— بإمكانك الزواج من أي كان فأنت حرة.

— هل ستحضر حفل الزفاف؟

— هل بإمكانك إبعادي عن هذا السيرك[192]؟

190 مرحوم: deceased
191 سلالة: ancestry
192 سيرك: circus

— سيرك؟

— متى تنويان أن تقيماه؟

— حفل الزفاف؟ أراد هائل أن يقيم حفل الزفاف يوم الأربعاء القادم.

— أي بعد ثلاثة أيام، يبدو عليه أنه مستعجل، ولماذا يوم الأربعاء بالتحديد؟ لماذا ليس في يوم الخميس؟

— لأنه يريد أن نتزوج في الذكرى العشرين لإمساك الزعيم بالسلطة.

— لم أتصور أنهم سيحتلون مخدع[193] أمي في ذلك اليوم أيضاً.

— اذهب وإشغل نفسك لتهدئ بالك، سوف تحضر الحفل لأنك ولدي الوحيد. سوف أموت من الحرج[194] إن لم تحضر. على كل، سوف أبحث عن أفضل طريقة لتتعارفا قبل يوم الزفاف وسوف أتصل بك بالهاتف.

— هل أحببته؟

— ليس بعد، فهو مجرد خطيب.

مجرد خطيب!!.. رمقتها فوجدتها تزداد ضعفاً ووحدة. إنها رائعة هذه المرأة فهي تفكر في الزواج رغم كل هذه التجاعيد في رقبتها ووجهها. وتريد أن تتزوج لتثبت لنفسها أولاً أنها ما تزال شابة. تمنيت لها السعادة فمطت[195] رقبتها تعطيني خدها فقبلتها ثم خرجت.

***

193 مخدع: bedroom
194 حَرَج: embarassement
195 مَطَ - يَمُطُ: to stretch

(11)

كانت الساعة قد تجاوزت الحادية عشرة والربع بقليل حين أصبحت في الشارع. مشيت على الرصيف رغم ان الطريق الإسفلتي كان فارغاً من حركة السيارات متجهاً بشكل غريزي إلى وسط المدينة حيث جموع البشر تحتل الساحات والشوارع الرئيسية. كانت أصوات المسيرة تصل إلي من أجهزة التلفزيون في البيوت القريبة فهناك أمر صريح من الزعيم، على من لا يشارك في المسيرات من ربات البيوت أن يتابعنها على شاشات التلفزيون، لذلك يضطر الناس لرفع صوت الأجهزة وترك النوافذ مفتوحة لكي لا يتهمون باللاوطنية. كان الشاعر قد أنهى قصيدته فراح المذيع يصف مشاعر الجماهير ووطنيتها وحبها للزعيم:

«انظر أيها الزعيم إلى جموع الجماهير كيف تهتف باسمك بقوة وعزيمة لتصل هتافاتها[196] إلى عَنان[197] السماء، وليعانق اسمك النجوم. لو كان في هذا الكون بشر آخرون مثلنا لرأيتهم يهتفون لك.. لرأيتهم يهتفون ووجوههم متجهة نحو وطننا المعطاء. إنني أرى الجماهير أيها الزعيم تحمد الله لأنها ولدت في عصرك، عصر الكرامة والحرية.. عصر الزعيم، فقِدْنا أيها الزعيم إلى النصر.. هكذا تهتف الجماهير.. قدنا إلى النصر المبين...»

كان صوت المذيع المبحوح يختلط بأصوات الهتافات وموسيقى الفرق النحاسية[198] التي تعمل لرفع حماسة الجماهير في المكان مع ما تبثه مكبرات الصوت التي تحيط بالجماهير في الساحات والشوارع.

منذ ان استلم الزعيم السلطة تحولت الموسيقى إلى فن وطني. لم تعد فناً للفن،

196 هتافات: chants

197 عَنان: heights

198 الفرق النحاسية: marching bands

حتى أن المثقفين الذين اعتاد الناس ظهورهم على التلفزيون وفي الإذاعة راحوا يهاجمون نظرية الفن للفن. فالموسيقى ليست للتذوق وليست لصقل[199] الروح والنفس ولا للتأمل ولا لرهافة الأحاسيس بل هي للحماسة فحسب. يقول الزعيم «على الموسيقى ان تلعب دورها في تحفيز الجماهير» ومن أجل ذلك فقد تراجعت إلى الصفوف الخلفية موسيقى الطرب والموشحات وحلت محلها موسيقى المارشات العسكرية. الفن الذي نسميه الأصيل غاب في زحمة المارشات وهدير الطبول وزعيق الأبواق. في الضجيج لا يسمع سوى صوت الفرق النحاسية العسكرية أما أصوات آلات التَخت العربي[200] فتضيع في هذه الزحمة لذلك، فليس لها مكان في حاضرنا. الكمان[201] آلة سخيفة وهزيلة إذا ما عزفت إلى جانب قرع الطبول وكذلك القانون والناي[202]. الناي أم البوق؟ الناي تافه ورجعي وغير وطني لأنه يدفع المستمع إلى التأمل والحزن ويلائم صمت القبور، أما البوق فهو يجعل الناس أكثر يقظة وحماسة. أكثر وطنية لأنهم سيكونون على استعداد للتضحية بالروح والدم في سبيل الزعيم.

من قال إن المارشات العسكرية ليست فناً؟.. فتشايكوفسكي الذي يعتبر من أعظم موسيقيي القرن التاسع عشر وضع مقطوعة سماها «مارش سلافي»، فيها جعل الموسيقى تتصاعد وتعلو حتى لحظة الانتصار، كما أن تشايكوفسكي ذاته قد وضع سيمفونية «افتتاحية 1812» وهو العام الذي شهد انهزام نابوليون في روسيا، بينما عملاق الموسيقى الألماني بيتهوفن وضع السيمفونية البطولية (الثالثة) وأهداها إلى نابوليون بونابرت، وكل هذه السيمفونيات مبنية على إيقاع المارش العسكري البطولي الذي يعشقه الزعيم، وعندما علم السفير الروسي بعشق الزعيم (للموسيقى) دعاه فوراً إلى

199 صقل— يصقل: to polish
200 التَخت العربي: Arabic classical rhythm
201 الكَمان: violin
202 الناي: reed pipe

موسكو وجعل برنامج الزيارة يزدحم بزيارات للبولشوي وغيره من المسارح الغنائية حيث عزفت له السيمفونية السابعة «سيمفونية لينينغراد» والسيمفونية الثامنة (ستالينغراد) وكلتاهما لشوستاكوفيتش.

عندما قام الزعيم بانقلابه قبل عشرين عاماً قام أول كل شيء باحتلال الإذاعة وجعلهم يقطعون البرامج ويبثون المارشات العسكرية. إنَّ هذه المارشات تذكره بهذا اليوم المجيد، ولذلك فإن المسؤولين يحرصون دائماً على الترنم[203] بها وهم يسيرون أو ينكبون[204] على أعمالهم. ترى الواحد منهم يسير بينما خداه ينتفخان وينبسطان على وقع المارشات التي يسترجعها في ذهنه، ثم تراه يذم شفتيه وينفخ مقلداً البوق.

في الواقع، إنهم يقلدون الزعيم لأنه اعتاد على الترنم بالمارشات، أما هؤلاء الذين يترنمون بالأغاني العاطفية المائعة[205] فليس لهم مكان في حاشية الزعيم. ماذا يعني أن تقدم الإذاعة أغنية تحكي كلماتها عن الحب والهيام؟ هذا كلام فارغ، وهذا يجعل الجماهير أكثر إحباطاً. إذا كان من الواجب تقديم أغنية عن الحب فيجب أن تكون عن حب الزعيم. كل المشاعر يجب أن تتوجه نحو الزعيم. كل الحب والعشق والوله والهيام والهوى والشغف والوَجد[206] يجب أن تكون للزعيم، أما أن يكون كل ذلك لفتاة «سخيفة» لا قيمة لها فهذا هو الانحطاط بعينه. أما عن الهجران والفراق والبكاء على الأطلال[207] والعزّال والموت كَمَداً[208] وغيرها فهي أمور ممنوعة منعاً باتاً لأنها قد تُفهم بشكل غير وطني، مثل أن الفراق هو بين الجماهير والزعيم أو أن الجماهير قد هجرت الزعيم لا سمح الله، لذلك غابت مثل هذه المفردات عن الأغنية العادية. هناك أغنية

203 ترنم: humming
204 إنكب— ينكب: to be involved in
205 المائعة: soft
206 الوَجد: infatuation
207 الأطلال: ruins
208 كَمَد: extreme sadness

وحيدة سمح بها لتقدم للساهرين بعد الواحدة ليلاً قبل أن ينهي التلفزيون بثه وقد

كانت أغنية «سهران لوحدي» لأم كلثوم ولكن بشرط أن تظهر صورة الزعيم أثناء بث

الأغنية، فالسهر يجب أن يكون من أجل الزعيم ومناجاة طيفه وإلا، فعلى المواطنين

عدم السهر وعليهم الذهاب إلى النوم باكراً بهدف الاستيقاظ في الصباح للانطلاق بهمة

ونشاط من أجل متابعة بناء الوطن تحت القيادة الملهمة للزعيم.

(12)

سمعت صوت سيارة قادمة من الخلف ولكنني لم أستدر فقد عرفت من صوت المحرك أنها تقاد بطريقة رعناء[209] وهذه صفة شائعة للعناصر. لم يكذبني تخميني فقد ضغط السائق على الفرامل[210] بقوة فتوقفت السيارة إلى جانبي محدثة صوت صفير حاد. كانت واحدة من سياراتهم المدنية التي اعتادوا التجول بها بدون لوحات. نزل من مقعدها الخلفي ثلاثة عناصر يحملون المدافع الرشاشة ويرتدون الثياب المدنية. عرفتهم لأن ذقونهم كانت مهملة وثيابهم مدعوكة[211] وتفوح منهم روائح التعرق. كان يبدو عليهم وكأنهم قد استيقظوا للتو من نوم غير مريح. لم أتوقف لأنتظرهم، كما كان يمكن أن يفعل أي مواطن، بل استمررت في السير فجعلتهم يهرعون[212] خلفي وينادونني.

— توقف.. أنت.. عندك!! توقفت فأحاط بي الثلاثة ولاحظت أن بعض النسوة والأطفال راحوا يسترقون النظر إلينا من النوافذ. سألت:

— ماذا تريد مني؟ فقال أحدهم:

— تقدم إلى المعلم.

إنه يقصد ذلك الرجل الأسمر ذا الشوارب الغليظة الذي يجلس إلى جانب السائق. شاهدت المعلم يتطلع إلي بعينين فاحصتين فاقتربت منه، بينما أحاط بي العناصر الثلاثة وجعلوني في مركز المثلث. جاءني أمر المعلم من داخل السيارة. أحد الثلاثة ضغط بيده على رقبتي لكي أنحني أمام النافذة:

— ماذا تفعل هنا؟

209 أرعن—رعناء: reckless
210 الفرامل: brakes
211 دعك—مدعوكة: wrinkled
212 هرع— يهرع: to run after someone

— كنت في زيارة إلى أحدهم في هذا الحي.

— ومن يكون هذا الأحدهم؟

— والدتي.

— ولماذا لست في المسيرة؟

— لست موظفاً أو طالباً أو حزبياً أو عضواً في أيٍ من الاتحادات أو .. قاطعني

بنزق[213]:

— البطاقة.

— أخذها مني الرفاق قبل ساعة.

— اسمك؟

— فتحي شين.

رفع عينيه نحوي وتمعن بي جيداً ثم قال:

— إذن أنت الكاتب فتحي شين!

— نعم، إنه أنا.

قال وهو يشعل جهاز اللاسلكي ويقربه من أذنه:

— ألا تخجل من نفسك؟

— ولماذا أخجل من نفسي؟ نهرني[214] أحد الثلاثة:

— لا ترد على كلام المعلم.

أشار المعلم بيده فجذبني اثنان من الثلاثة بعيداً عن نافذة السيارة فهو لم يرد

أن أستمع إلى المحادثة التي راح يجريها بصوت خافت. من حركة شفتيه لاحظت أنه

---

213   نزق: irritability
214   نَهَرَ—يَنهر: to chastise

ذكر اسمي أكثر من مرة. بعد ذلك أطفأ الجهاز فقربوني منه. ظل صامتاً للحظة ثم قال دون أن ينظر إلي:

— عليك أن تأتي إلى مقر الأمن العسكري في التاسعة مساءً.

أشار إلى رجاله فتركوني ودخلوا السيارة. سألته قبل أن ينطلقوا:

— وماذا عن بطاقتي الشخصية؟

— سوف تتدبر أمرك مع الرفاق بنفسك فيما بعد.

انطلقت السيارة بحركة مفاجئة وبصفير عالٍ حتى أن إسفلت الشارع قد ارتسم عليه أثر العجلات. نظرت إلى الأعلى فشاهدت العيون التي كانت ترقب ما يجري ثم تراجعت النساء والأطفال إلى داخل بيوتهم. قلت لنفسي ما هذا الصباح، فقد تورطت حتى الآن مع الرفاق ثم مع الأمن العسكري؟

ارتفع الصخب من أجهزة التلفزيون فقد كانت الجماهير تصرخ بحماسة شديدة لأمر ما. كان المعلق يصف المشاعر وهو يكاد يبكي من التأثر. شعرت بالأسف لأنني لست في بيت أمي أو في بيت لمى أشاهد على التلفزيون ما كان يحدث. على فكرة، فأنا لا أملك جهازاً في بيتي وقد كنت قد تخليت عنه إلى أحد الأصدقاء كهدية زواج ولم أندم قط على ذلك فقد تخلصت منه لأنني مللت ما كان يعرضه باستمرار، أقصد هذه المسيرات وخطب الزعيم.

سرت متجهاً صوب الشوارع الممتلئة بالجماهير والتي تقسم المدينة إلى قسمين فقد كان علي أن أنتقل إلى القسم الآخر حيث تعيش لمى وفي كل خطوة أخطوها كان الصخب يعلو في الجو وهو نفسه الصخب الذي أسمعه من أجهزة التلفزيون في البيوت. أعتقد أن سبب هذا الصراخ المفاجئ من قبل الجماهير هو مفاجأة الزعيم لها، فقد

اعتاد الخروج إلى الناس في بعض المرات ودون توقع من أحد فتنتابهم حالة هياج[215] غريبة.

«ألا تخجل من نفسك؟» لماذا قال لي رجل الأمن العسكري ذلك؟ ومن أجل الإجابة على هذا السؤال فسوف أتحدث قليلاً عن نفسي قبل أن أصل إلى بيت لمى.

***

215 هياج: agitation

(13)

أنا ولمى نحب بعضنا بعضاً ولكننا حتى الآن لم نتزوج رغم أننا نرغب بذلك. السبب هو أن لمى ما تزال عالقة في تبعات زواجها السابق، فزوجها حتى الآن يرفض إتمام مراسم الطلاق رغم مرور سنوات طويلة على انفصالهما. سافر زوجها رجل الأعمال في مهمة عمل إلى آسيا وعندما عاد شاهدت لمى حلماً جعلها تستيقظ مذعورة. رأته في منامها أنه لم يكن في رحلة عمل بل كان مسافراً لقضاء شهر عسل هو وزوجته الثانية التي تزوجها بالسر والتي هي في الحقيقة سكرتيرته الخاصة. عندما استيقظت وجدته نائماً الى جانبها بعمق بعد أن أرهقه الجنس الذي مارساه. لقد استغربت كيف أنه لم يستطع أن يكون جاهزاً (رغم غيابه الطويل ورغم كل مداعباتها) إلا بعد محاولات طويلة أرهقتهما معاً هما الإثنين. ويبدو أن ما جرى أثناء ممارسة الجنس جعلها مستغربة وجعل عقلها الباطني يجد السبب الحقيقي فدفعها لرؤية حلمها ذاك. شاهدته مع سكرتيرته ينعمان بشهر عسل جميل في أحد الشواطئ الإسبانية. نهضت من الفراش عارية وبحثت في جيوبه عن جواز سفره فوجدته، وفي إحدى الصفحات وجدت تأشيرة الدخول إلى إسبانيا ممهورة[216] بختمي الدخول والخروج. أما ختم الخروج من إسبانيا فقد كان بتاريخ اليوم ذاته الذي عاد فيه إلى البيت ومارسا فيه الجنس. نامت تلك الليلة على كنبة[217] الصالون وفي الصباح واجهته بما عرفت. أنكر في البداية ولكنه اعترف أخيراً بأنه تزوج بالفعل سكرتيرته لأنه مضطر لذلك فهي ابنة أخ أحد الرفاق الحزبيين الكبار وهو، بالزواج منها، سيصبح مفيداً له من أجل قضاء أموره التجارية بسرعة عوضاً عن

216 ممهورة: stamped
217 كنبة: couch

الغوص في الروتين والمنع والتسويف[218].

رفضت لمى أن تكون لها ضرة تشاركها زوجها ثم أنها شعرت بأن زوجها قد غدر بها وطعنها في الخلف وأنها بدأت تكرهه وأصبح من المستحيل العيش معه تحت سقف واحد، فغادرت المنزل إلى بيت أهلها في البداية، ثم قامت وبالمال الذي كانت ادخرته في حساب مصرفي خاص، بشراء منزل في شارع هادئ في الطرف الآخر من المدينة. في نفس العام الذي تحررت فيه لمى مات أبي وانتقلت للعيش في شقتي الخاصة (التي اشترتها لي أمي) وحل علي غضب الحكومة.

ففي تلك السنة، وبينما كنت أستعد في الأستوديو لتسجيل برنامجي الأدبي الذي كنت أقدمه أسبوعياً على القناة الأولى، دخل علي مساعد المخرج وقدم لي ورقة موجهة إلي من الإدارة تطلب مني التوقف عن التسجيل والصعود لمقابلة مدير البرامج الثقافية، وهناك قدم لي ورقة وصلت إليه عن طريق الفاكس من أحد الأجهزة ينتقد فيها برنامجي لأنني لم آت على ذكر الزعيم ولا مرة واحدة طوال الفترة الماضية. أحسست بأنني على مفترق طرق فتمهلت في قراءة الملاحظة. رحت أرشف من فنجان قهوتي وأدخن كسباً للوقت[219]، فقد كنت حريصاً على لقمة عيشي وفي نفس الوقت على سمعتي ككاتب مستقل. كان برنامجي يتحدث عن الكتب الصادرة حديثاً وكنت ألتقي في كل حلقة بكاتب ليتحدث عن كتابه الجديد كما كان البرنامج يجري مسابقات في القصة والشعر وقد حظي البرنامج على احترام الكتاب والمشاهدين على السواء بسبب إصراري على الاستقلالية وعلى تطبيق المعايير[220] بدقة وحيادية.

سألت مدير البرامج ماذا يقترح فأجابني بأنه يقترح إجراء مسابقة في القصة

218 تسويف: postponement
219 كسباً للوقت: to gain time
220 معيار— معايير: specifications

والشعر يكون موضوعها عن الزعيم وإنجازاته فاعتذرت. عندئذ، وبدون أن يطلب أي مبررات للاعتذار طلب مني تقديم استقالتي بحجة أن على كل برامج التلفزيون ومهما كانت أن تكون أمينة لمبادئ الزعيم وشخصه. كتبت استقالتي ووقعتها وقدمتها للإدارة ثم نزلت إلى الأستوديو. وبينما كنت هناك أودع المخرج والفنيين وصلني هاتف من الإدارة يعلمونني فيه بأنهم، وبناء على طلبي، قبلوا استقالتي. لم يكتفوا بذلك بل أرادوا أن أستقيل من الصحافة والأدب بشكل عام فقد انهمرت علي المصاعب إذ قرروا إغفال ذكر اسمي ومؤلفاتي في كل وسائل الإعلام الوطنية ثم وصل توجيه إلى لجان الرقابة[221] بعدم الموافقة على نشر أي كتاب جديد لي حتى ولو كان موجهاً للأطفال، ثم قاموا بفصلي من اتحادي الكتاب والصحافيين بحجة أنني تخلفت عن دفع الرسوم لمدة سنتين، ثم قاموا بتوجيه بعض الكتاب من الرفاق بالهجوم على كتبي وعلي شخصياً، ثم أطلقوا علي صفة الكاتب الـ «غير وطني» لأنني أسأت حسب رأيهم إلى مُلهم[222] الأمة وبوصلة[223] الإنسانية، ووصل إلى علمي أن أحد الكتاب الذين كانوا مجتمعين في مؤتمر خطابي بمناسبة وطنية، وكان من الرفاق، نهض وهتف يسقّطني فتبعه البعض من أمثاله يصرخون بتشنج: يسقط يسقط يسقط.

وهكذا سقطت، ولكنني ربحت لمى التي أصبحت تكره الرفاق وتحب ضحاياهم لأن زوجها طعنها في الخلف وتزوج خلسة من ابنة أخ واحد منهم من أجل تسيير أعماله التجارية. التقيت أول مرة بلمى في بيت أحد الأصدقاء من الشعراء وكان بالمناسبة قد رفض كتابة القصائد التي تمجد بالزعيم فوضع على اللائحة السوداء مثلي، وعندما دخلت لمى شعرنا نحن الاثنان أننا أتينا إلى بيت الصديق الشاعر لنلتقي. انعزلنا في زاوية

---

221 لجان الرقابة: censorship committees

222 مُلهم: Muse

223 بوصلة: compass

ورحنا نتحدث. سألتني عن أخباري فقد كانت تتابع برنامجي التلفزيوني وقالت إنها قرأت لي كتاباً واحداً وعندما أخبرتها بأنني متوقف عن الكتابة اهتمت بالأمر وراحت تكثر من الأسئلة حول الموضوع حتى عرفت لماذا كنت متوقفاً بالضبط، عندئذ طلبت مني أن أوصلها إلى بيتها حين أرحل فسرنا لمدة ساعتين على الأقدام تحدثنا خلالها عن كل شيء إلا عن مشاكلها. شعرت بتضامنها معي وفي اليوم التالي زرت صديقي الشاعر مرة أخرى لأسأله عنها فأخبرني بقصة زوجها التاجر وسكرتيرته ابنة أخ الرفيق الحزبي.

كان زوجها يرفض تطليقها لأنه يحبها كما كان يدعي، حتى أنه عرض عليها أن يطلق السكرتيرة إن هي وافقت على العودة، ولكنها رفضت وأخبرته أنها تحبني وأننا نفكر بالزواج حالما تحصل على الطلاق، فاشتعلت فيه نار الغيرة أكثر وراح يعاند أكثر. وفي أحد الأيام اتصل بي وأخبرني على الهاتف برغبته في اللقاء. شربنا القهوة معاً في كافيتريا أحد الفنادق، وكنت أحاول إقناعه بأن ينهي هذه القضية بسلام وذلك لمصلحة الجميع، فما كان منه إلا أن هددني بأنه يستطيع تدبير أمر سيء لي عند الدولة إذا لم ابتعد عن زوجته. كان يلمح إلى مقدرة عم زوجته الثانية ولكنني استهترت[224] به وقلت له «طز[225] فيك وفي الحزب» فهددني بأنني سأدفع الثمن غالياً ثم رحل، وعندما أخبرت لمى بما دار بيننا ضحكتْ مطولاً ثم ضحكتُ أنا أيضاً ومازلنا نضحك حتى اليوم كلما ذُكر الحزب بوجودنا معاً.

***

224 استهتر—يستهتر: to ignore, to make light of

225 طز فيك: the hell with you

(14)

في الحقيقة، فقد تم استدعائي أكثر من مرة إلى أحد الأجهزة الأمنية ليتم التحقيق معي حول الإهانة التي وجهتها للحزب. اعترفت لهم بأنني تفوهت بتلك الكلمة، التي كنت أكرهها ولا أحب استخدامها ولكنني قلتها، لأن التاجر قد استفزني[226]. كان التقرير الذي رفعه التاجر غامضاً، فقد كان يلمح دون أن يؤكد بأنني ربما وجهت الإهانة إلى الزعيم شخصياً وليس إلى الحزب فقط. كانوا مهتمين كثيراً بهذه المسألة، هل كنت أقصد الحزب فقط أم الزعيم والحزب معاً؟ هناك فرق طبعاً، فإهانة الزعيم قد تودي بالشخص إلى النوم عشرين سنة في السجن، أما إهانة الحزب فليست جريمة كبرى. أصررت على أنني قصدت الحزب فقط لأن عم السكرتيرة مسؤول كبير فيه. كنت أذهب إليهم في التاسعة صباحاً، وهناك كان علي أن انتظر ساعات ليتفرغ لي أحد المحققين وعندما ينتهي واحد كانوا يحولونني إلى محقق آخر. كل واحد منهم سيضع توقيعه على الملف لهذا فعليه أن يحقق في الأمر بنفسه، أي من البداية حتى النهاية. كانوا يقولون لي كيف يمكن لكاتب مثقف أن يتلفظ بمثل هذه الكلمة، والطريف في الأمر أن الكلمة كانت تتردد كثيراً في المقر حتى أنهم سموني «أبو طز» وكل محقق يحقق في الموضوع هو « المحقق في طز» وفي إحدى المرات سألني أحد المحققين كيف بإمكانه كتابة الكلمة وعمّا إذا كانت تكتب بالزين أم بالظاء؟

أعتذر للقارئ على تكرار هذه الكلمة ولكن « القضية طز » أتعبتني كثيراً رغم طرافتها. كنت أذهب إلى لمى فور خروجي من مبنى المخابرات. كانت المسكينة تنتظرني على نار وبالضبط قرب النافذة معرضة نفسها لأشعة الشمس الحارقة، وحالما تلمحني

---

226 استفزَّ — يَستفزُّ: to instigate, to antagonize

قادماً كانت تهرع لتفتح لي الباب ثم تظل تعانقني لربع ساعة خلف الباب وهي ترتجف، وعندما أفلح في الانفكاك منها كنت أقودها إلى السرير وأعريها[227]، وعندما كنا ننتهي تصبح لمى بمزاج رائق فتسحبني إلى الحمام وهي تضحك فأدعها تغسل جسدي لأنها تحب أن تفعل ذلك وفي النهاية نعود إلى السرير ونحن مبتلان بالماء لأحكي لها كل ما جرى معي هناك ونحن نضحك.

كنا نثأر[228] لحالنا بالضحك، ولكن الضحك ثرثار لعين يكشف أمرنا ويوقعنا في الإحراج. مرة، كنا في حفل تأبين[229] أحد الأصدقاء الكتاب الذي توفي بعد صراع طويل مع المرض. ذهبنا أنا ولمى لأننا كنا نشعر بحق بفظاعة فقدان هذا الصديق الذي كانت لمى قد زارته معي في بيته فقررت الاهتمام به يومياً كممرضة. كانت تمسح جسمه بالكولونيا[230] وتغير ثيابه وملاءات سريره وتطعمه بيديها، وعندما اشتد عليه المرض واضطررنا لنقله إلى المشفى العمومي أصرت على البقاء هناك والنوم على مقاعد صالة الانتظار. كانت تستيقظ لتجد نفسها تبكي وعندما مات اضطررت للمبيت عندها لتهدئتها لأنها لم تكن تقوى على منع نفسها من البكاء. هذه الإنسانة التي تبكي عادة لمنظر قطة بائسة انقلب مزاجها مائة وثمانين درجة في حفل التأبين الذي أقامه اتحاد الكتاب بمناسبة أربعين صديقنا الكاتب.

كان والد الزعيم قد قتل وهو في الثانية والثمانين إثر سقوط طائرته الخاصة التي كان يعود بها إلى الوطن بعد قضاء إجازة في مونت كارلو. كانت حادثة مروعة[231] اهتز لها الوطن كله وفرض الحزن على المواطنين ومنعت الموسيقى والكوميديا في وسائل الإعلام وأصبح يفتتح كل اجتماع بالوقوف دقيقة صمت على روح «الختيار»[232]. وعندما

227 عرّى— يعرّي: strip down
228 ثأر— يثأر: to take revenge
229 تأبين: commemoration
230 كولونيا: cologne
231 مروّعة: frightful
232 الختيار: old man

كنا في حفل التأبين وابتدأ الحفل صعد المقدم وطلب من الجميع الوقوف دقيقة صمت (حسب الجميع بأنه سيطلب منا أن نقف دقيقة صمت على روح الأديب الغالي فنهضنا حتى قبل أن ينهي جملته).. ولكنه قال «على روح والد الزعيم».

كنا قد وقفنا حين سمعنا أننا نقف إكراماً لروح أبي الزعيم وليس إكراماً لروح صديقنا. كنت غاضباً فتجهمت. وبما أن الدقيقة تصبح دقائق عدّة إذا ما تعلق الأمر بالزعيم فقد طال بنا الوقوف ولاحظت وأنا مغمض العينين أن لمى الواقفة إلى جانبي ترتجف. حسبت أنها كانت تبكي. نظرت إليها فوجدتها تمنع نفسها من الضحك. كانت محمرة وهي تهتز وقد سدت فمها بيدها. انتقلت عدوى الضحك إلي أيضاً فبدأت أعض بقوة على الجدار الداخلي لفمي حتى أدميته، ولحسن الحظ فقد طالت الدقيقة مائة وثمانين ثانية فقط فطلب منا الجلوس فسجدت لمى بين صفي المقاعد لتنهي دون قهقهة[233] موجة الضحك تلك التي انتابتها فانتهى الأمر على خير.

بدأ الخطباء بالتناوب على المنصة وكلهم أشادوا بالمرحوم وإنسانيته وأدبه وظرفه ولكنهم أضافوا شيئاً من عندهم، فقد ادعوا أن المرحوم كان حزبياً مخلصاً، وللتعبير عن هذا فقد ذكروا الحزب عشرات المرات وفي كل مرة تسمع اسم الحزب كانت لمى تسد فمها وتخفي رأسها وتهتز وكنت فوراً أتبعها فأفعل مثلها. كانت تتذكر تلك الكلمة التي قادني ذكرها إلى التحقيق في فرع الأمن. اضطررنا للخروج قبل نهاية حفل التأبين فلمى حين يكون مزاجها ضاحكاً لا يمكن لأحد أن يوقفها عن الضحك وفعلاً، ما إن خرجنا من الباب حتى انفجرنا بالضحك بينما كان الناس ينظرون إلينا باستغراب.

أرجو أن يكون القارئ قد فهم لمَ سألني رجل الأمن العسكري ذلك السؤال الذي سُئلته مئات المرات منذ خمسة أعوام وحتى اليوم «ألا تخجل من نفسك؟». وهناك

---

233 قهقهة: a roaring laugh

من يطلق علي صفة الخيانة كما فعل أحد الرفاق قبل أكثر من ساعتين حين هممت

بالدفاع عن الشاب في مدخل البناية لمّا كانوا ينهالون عليه بالضرب. يعتبرونني خائناً ولا

أخجل من نفسي لأنني رفضت إجراء مسابقة عن الزعيم في القصة والشعر في برنامجي

التلفزيوني، وأيضاً لأنني قلت لزوج لمى المهجور «طز في الحزب».

(15)

ما إن دخلت عمارة لمى حتى أحسست ببرودة منعشة، فقد كنت مشيت كل الطريق من الحي الذي تسكن فيه أمي وحتى هنا تحت أشعة الشمس الحارقة، فالمواصلات معطلة حتى في المناطق البعيدة عن مجرى السيل البشري الهائل الذي يشكل المسيرة. كانوا عطلوها كعادتهم دوماً لأنهم يفترضون أن الشعب كله إما سيكون في المسيرة أو سيكون في البيوت يتابعها على شاشات التلفزيون. كانت الحافلات[234] تقف مغلقة الأبواب فقد كان السائقون قد اقتيدوا بدورهم إلى الاحتفالات، وأعتقد أنها كانت بالمئات، تقف في عدة أرتال[235] في الشارع الواحد تنتظر انتهاء المسيرة ليعيدوا القرويين إلى قراهم وبلداتهم التي سُحبوا منها منذ الفجر الباكر.

شعرت بالبرودة وبالتالي بالانتعاش ولكنني لم أحظ بالهدوء الذي افتقدته منذ الصباح لأن سكان العمارة، وعن غير عادتهم، قد رفعوا أصوات أجهزتهم ليطمئنوا الرفاق والعناصر إلى أن النساء والأطفال لا يفوتهم متابعة مسيرة الجماهير وهم قابعون في البيوت. كنت، أثناء صعودي الدرج، وفي كل طابق، أسمع صراخ الجماهير وصخبهم فقد كانت حالة الهيجان، والتي لا أعرف سببها حتى الآن، مستمرة ولاحظت من خارج الأبواب أن سكان العمارة يعلقون بحماسة على ما كانوا يشاهدون.

فتحت لي الباب فدخلت إلى جهنم. كانت الشقة ساخنة وكانت لمى لا ترتدي شيئاً سوى البكيني لتنعش نفسها بالماء كل فترة. كانت رطبة ولكن من العرق وكانت بشرتها تلمع. احتضنتها لأطمئنها فقد كانت قلقة وكانت مستعدة للانخراط في البكاء، ولكي أمنعها احتضنتها. قالت لي إنها اتصلت بالهاتف عدة مرات ولكنني لم أكن موجوداً في

---

234 حافلة— حافلات: public buses
235 رتل— أرتال: queue(s)

البيت فقلقت[236]، فقد تصورت بأنني لن أخرج في هذا اليوم الرهيب. كانت مستعدة

للبقاء ساعة ونحن محتضنان خلف الباب لأن ذلك يجعلها تطمئن إلا أنني انفككت

عنها وأمسكت يدها وأجلستها على الكنبة وجلست إلى جانبها أمام التلفزيون فقد كنت

مهتماً حقاً بالسبب الذي جعل الجماهير في هذه الحالة الهستيرية[237]. طوقتني بذراعيها

ودفنت وجهها في صدري وأنا أتابع الشاشة.

كانت الجماهير قد انتقلت من حالة التيارات المتتابعة، التي كان يقود كل واحد

منها شخص يهتف في مكبر صوت يدوي فيردد التيار كله الهتاف نفسه، إلى كتلة واحدة

تمتد لكيلومترات عديدة. كانت الكاميرا عاجزة عن متابعة السيل إلى النهاية، بينما كانت

الساحة ممتلئة عن بكرة أبيها[238] بالناس وبصور الزعيم، حتى أن الكتلة البشرية كانت

تتموج، وكانت الأمواج تنتقل كما تنتقل الحركة في البحر مشكلة سلسلة متموجة لا

نهاية لها. كان الكثير من الناس قد تسلقوا الأشجار وأعمدة الإنارة والإشارات الضوئية

وملؤوا شرفات الأبنية والأسطحة بينما وصل الصخب إلى ذروته بسبب موسيقى

المارشات العسكرية وأصوات المعلقين وصراخ الجماهير. لاحظت أن عيون الناس كانت

مسددة نحو شرفات الفندق الوحيد المطل على الساحة، وعندما كان يحصل شيء معين

كان الناس يصرخون ويهللون بجنون. دققت أكثر فتبين لي أن شبحاً يشبه الزعيم يمر كل

فترة وأخرى من خلف إحدى النوافذ المطلة على الساحة فيتمهل قليلاً لتميزه الجماهير

ثم كان يختفي. في اللحظة التي كان يظهر فيها شبحه كان الناس يهللون ويصرخون. لم

يكونوا يهللون فقط بل إن الكاميرا راحت، وعن قصد، ترصد وجوه الناس في بقعة معينة

ثم تنتقل إلى أخرى. حين كان شبح الزعيم يظهر كانوا يمدون أيديهم باتجاهه ويصرخون

بأعلى ما يستطيعون. كانت الأفواه تنفتح إلى حدها الأقصى بينما تنفر العروق في الرقاب

---

236 قلق — يقلق: to be worried
237 هستيرية: hysterical
238 عن بكرة أبيها: to the rim

وتنشد الأعصاب وتحمر الوجوه التي بللها العرق (أي عرق هذا، فكأن الجماهير قد

خرجت من البحر للتو[239]..؟) وفي لحظة معينة خرج أحد حراس الزعيم إلى الشرفة

يمسك بتمثال له ثم رفعه بيديه إلى ما فوق رأسه وراح يديره إلى كل الجهات بينما

كانت الجماهير تطلق صراخاً تهليلياً مديداً امتد إلى أبعد فأبعد كهدير[240] طائرة تطير

مبتعدة. استمر عرض التمثال لخمس دقائق ثم اختفى فتراجعت موجة الصراخ رويداً

رويداً حتى كادت تنطفئ، ولكن الزعيم كان مصمماً على عدم ترك الجماهير تهدأ فما

لبث أن ظهر شبحه خلف النافذة ليعود الصراخ من جديد.

همست لمى وهي متعلقة بي وتطوقني بذراعيها، فقد شعرتْ بأنني أهملتها طويلاً

بسبب اهتمامي بما كان يجري على الشاشة:

— حبيبي..!

— نعم يا لمى.

— ما هو الشيء المهم في كل هذا السيرك، لم أعتدك مهتماً الى هذا الحد؟ رحت

أداعب شعرها لتتركني أتابع ما يجري دقائق أخرى. همست وكأنها نائمة:

— أطفئ التلفزيون أرجوك.

— دقيقة يا روحي.. سوف أكون معك بعد دقيقة.

— لقد مللت.

— دقيقة واحدة.

— ثيابك مبللة بالعرق بشكل كامل.

— سوف أخلعها فيما بعد.

— هل تريدني أن أخلعها لك؟

---

239 للتو: now
240 هدير: roar

لم تنتظر جوابي فراحت تفك أزراري[241]. كانت تفعل ذلك بحركة ناعسة بينما تقرب أنفها من جسدي وتشمه. كأن لمى كانت مخدرة، فتركتها تفعل ما تريد فقد كان الزعيم يتلاعب بالجماهير وكنت أريد أن أكون شاهداً على أغرب علاقة بين الزعيم والجماهير.

اعتاد الزعيم على ملاعبة جماهيره و التلاعب بهم، ففي كثير من الأحيان كان يتخلف عن حضور اجتماع جماهيري أو عن حفل يقام على شرفه، في حين يكون الجميع في حالة توقع لحضوره في أية لحظة إلا أنه يتغيب أو يرسل من ينوب عنه وتذهب كل الاستعدادات أدراج الرياح[242]. وبالعكس، فقد يظهر في أوقات من غير المتوقع ظهوره فيها. إنه يتفنن في إدهاش الناس حتى أنه يضحك بصوت عال حين يرى علامات الدهشة على وجوه الناس. في إحدى المرات قرر إرسال ابنه الصغير ليفتتح سوقاً خيرية، وحضور الابن يستدعي مراسم مشابهة لحضور الأب من حيث حشد الجماهير المناسبة التي ستهتف باسم الزعيم أو الفرقة النحاسية أو المستقبلين من الرجال الرسميين. وفي يوم افتتاح السوق الخيرية كان المحافظ قد جهز هدية مناسبة للطفل وكانت عبارة عن مُهرة[243] مزينة ليركبها الابن من أجل إسعاده. وصل الموكب فتهافت الناس وبدأت الفرقة بعزف الموسيقى العسكرية وأُطلقت الألعاب النارية فوق الرؤوس ولكن، ما إن توقفت سيارة المرسيدس الحمراء التي كان الابن اعتاد التنقل بها، حتى نزل منها الزعيم نفسه. يا للمفاجأة التي عقدت ألسنة الجميع، ولكن المفاجأة لم تستمر سوى ثوان قليلة فتم استقبال الزعيم كما يجب وتم تناسي حضورالابن ثم قدم له المحافظ المهرة المزينة بطريقة تسعد الأطفال فتقبلها الزعيم وهو يضحك على أعوانه.

---

241 زرّ— أزرار: button(s)

242 أدراج الرياح: gone with the wind

243 مُهرة: female horse

أما في مناسبة أخرى فقد كان سيذهب لتدشين[244] محطة تنقية مياه وإذ بابنه

ينزل من القطار الذي كان سيأتي بالأب. أما في هذه اللحظة فقد كان الزعيم يتلاعب

مع السيل الهائل للجماهير بطريقة جديدة غير معروفة عنه. كان يتصرف كالأطفال،

وإلا، ماذا يسمى هذا المرور خلف النافذة فيتوقف لحظة ثم يختفي ثم يرسل معاونيه

إلى الشرفة ليعرضوا على الجماهير تمثاله ثم صوره وهو في نماذج مختلفة من الألبسة؟

سهلت على لمى عملها بأن رفعت نفسي عن الكنبة لكي تنزل آخر قطعة من

ثيابي، في تلك اللحظة خرج أحد معاوني الزعيم وهو يحمل موديلاً يرتدي بدلة الزعيم

العسكرية مزينة بكل النياشين[245] والأوسمة التي حصل عليها وراح يوجه الموديل إلى

جميع الجهات فوصلت حالة الهياج[246] إلى مستوى أعلى غير مسبوق وارتفعت الأيدي

وكأنها تريد الوصول إلى البدلة لتلمسها. قدم المخرج منظراً لعشرات الفتيات وهن

يقفزن ويصرخن ويبكين. ذكرني هذا المشهد بجمهور حفلات الروك[247] في الغرب حيث

تصاب الفتيات بهستريا مشابهة. انهن يفعلن الشيء نفسه هنا فقد كنَّ يمددن أيديهن

ويصرخن والدموع تجري على خدودهن.. بعضهن كنَّ يمسكن رؤوسهن وهن يصرخن.

كنت أداعب شعر لمى التي كانت تنقّل فمها في أرجاء صدري. كانت قد انتقلت

للجلوس على الكنبة بحيث أنها أصبحت تستند بركبتيها عليها ثم راحت تلتهم صدري.

كان من عادتها المداعبة وهي تتأوه ليس بطريقة تأوه امرأة تنتشي بل كأنها تشكو.

امرأة تشكو من شيء ما بتأوهات خافتة تصدر عن نفس تعاني. في تلك اللحظة كنت

أشعر من خلال الملامسة بأنها تتأوه ولكنني لم أكن أسمعها بسبب صوت التلفزيون

العالي. همست في أذني ثم راحت تداعبها بفمها:

244 تدشين: inauguration
245 نياشين: medals
246 هياج: agitation
247 الروك: Rock and Roll

— أطفئ التلفزيون أرجوك.

— لحظة أخرى، فأنا أريد أن أشاهد إلى أين سينتهي هذا الجنون.

قالت « توز فيهم » وهي تحرث صدري وعندما اكتفيت بضحكة قصيرة أنزلت فمها إلى الأسفل تسبقها يدها. كانت تسعى بشتى الوسائل لإقناعي بإطفاء التلفزيون. ولكن كيف سأطفئه، ففي تلك اللحظة كانوا ينزلون بدلة أخرى للزعيم بواسطة الحبال لتتلمسها الجماهير. امتدت الأيدي إليها وراح البعض يقفز للوصول إلى طرفها وأصبح الصراخ أعلى وتماوجت كتلة الجماهير بشكل مخيف وفي لحظة معينة رفعوا البدلة بسرعة ثم اختفت ليظهر الزعيم نفسه وليصبح الجنون سيد الكون.

حركة مسرحية لم يكن يتصورها «أرسطو»[248] نفسه في كتابه «السياسة» الذي فصل فيه قضية تأليه الملك في الشرق.

✳ ✳ ✳

248 أرسطو :Aristotle

(16)

لقد تعرف الإغريق على طبيعة الحكم في الشرق بعد أن فتح الإسكندر الأكبر بلاد فارس في القرن الرابع قبل الميلاد. لقد عبّر الفاتح الكبير في أثينا عن رغبته في أن يقلّد ملوك فارس من خلال فرض عاداتهم في تأليه[249] أنفسهم وبالتحديد في شكل علاقة الحاكم بالمحكوم، فبينما كانت تلك العلاقة في أثينا هي بالتحديد بين الحاكم والمواطن كانت في الشرق عبارة عن علاقة الملك - الإله بالعبد. كان الناس في بلاد فارس يسجدون لملوكهم وهذا الأمر بالتحديد ما أراد الإسكندر الأكبر تطبيقه في بلده، ولكنه اصطدم بمعارضة المقدونيين. المهم في هذه الحادثة هو أنه في حين رفض المقدونيون تأليه ملوكهم والسجود لهم كان الشرقيون يقبلونها دون أي نقاش. فالملوك سواء في فارس أو في مصر أو في الصين هم آلهة بينما البشر عبيد. إن الرفض لدى المقدونيين يقابله حالة قبول مطلق عند سكان الشرق ومن أجل ذلك ارتبط الطغيان في العقل الغربي بمثابته حالة شرقية. من أجل ذلك أسهب[250] أرسطو في الحديث عن الطغيان[251] الشرقي وراح يوصّفه ويفلسفه.

إن البشر في الشرق عبيد برضاهم، حتى أن هيجل اعتبر أن «في الشرق شخصاً واحداً حراً هو الحاكم» وبالتالي فمن ليس بحاكمٍ فهوعبد. لقد نصح أرسطو تلميذه الإسكندر باتباع أسلوبين في حكم البلاد الممتدة من الشرق إلى الغرب بأن يعتبر البشر في مقدونيا مواطنين بينما يعتبر الآسيويين عبيداً، ومن أجل ذلك، فقد كان على أهل فارس أن يسجدوا للإسكندر الأكبر بينما تم إعفاء الآخرين من ذلك خارج آسيا، ثم أنه سَكّ[252] نقوداً خاصة في فارس مطلقاً على نفسه فيها صفة الملك وبالتحديد «ليث فارس

249 ألّه— يؤلّه: to treat as God
250 أسهب— يسهب: to expand
251 طغيان: despotism
252 سكّ— يسكّ: to mint coins

الهصور[253]» وتطورت الأمور بعد ذلك بشكل أسوأ فترسخت المَلَكيّة - كما يقال — في المرحلة الهلينستية فأصبح الملك غير مقيد، فهو المشرع والقائد الأعلى للجيش وأعلى سلطة قضائية، وهو الذي يعلم كل شيء ويتصرف كيفما يشاء ويعطي الأوامر التي يريد وغيرها. لقد ابتلي الغرب في فترة ما بالاستبداد وكان مصدره الشرق.

لقد رفض المقدونيون، كما ذكرت، أن يؤله الإسكندر نفسه رغم أنه كان فاتحاً كبيراً صنع انتصارات رائعة لبلاده. تمعن أيها القارئ في هذه المفارقة[254]، ما إن دخل الإسكندر فاتحاً بلاد فارس حتى ألهه أهلها بينما استهجن بنو قومه ذلك التأليه وقاموا عليه. يقول التاريخ إن أحد قادته ضحك ساخراً وبصوت عالٍ حين سمع بموضة[255] التأليه التي كان الإسكندر الأكبر ينوي فرضها عليهم. تصور بأنهم سخروا منه فارتدع الإسكندر وبطّل[256] يعمل إله. ولكنه لم ينزع الفكرة من ذهنه بشكل مطلق بل قال إن الآسيويين ليس لديهم مانع فإذاً فأنا إله عليهم وهم عبيدي برضاهم وإرادتهم.

نحن عبيد بإرادتنا والدليل على ذلك ما كان يحدث قبل قليل في الساحة الكبرى أمام مبنى الفندق حيث كان الزعيم يلاعب[257] الناس (العبيد) حتى أنه أرسل بدلته العسكرية وأوسمته ليجعل الناس يجنّون من أجل أن يلمسوها. إنه يحب أن يرى الجماهير وهي تميت نفسها من أجله، فعندما كنت قادماً إلى شقة لمى سيراً على الأقدام شاهدت أكثر من سيارة إسعاف تسرع بصمت وهي تنقل المغمى عليهم - وما أكثرهم في هذا الزحام والحر - وقد أخبرني مرة أحد الأطباء، مع رجاء أن أترك اسمه مجهولاً، أنه في كل مسيرة مثل هذه يموت أكثر من مائة شخص دهساً بالأقدام أو اختناقاً، ويموت ضعفا هذا الرقم بسبب حوادث السير أثناء عودة الناس إلى بيوتهم أو إلى قراهم.

253 هصور: crushing lion
254 مفارقة: contradiction
255 موضة: fashion
256 بَطّل: changed his mind
257 لاعب— يلاعب: to toy with

لماذا يحب الزعيم هذه المسيرات؟ لقد تحدثت «حنة أرندت» عن علاقة الزعيم بالجماهير وخَلُصَت إلى أن الجماهير لا تستطيع العيش بلا زعيم كما أن الزعيم لا يستطيع العيش بلا جماهير. أي أنه لا وجود للزعيم بدون جماهير كما أنه لا وجود للجماهير بدون زعيم. قطبان[258] لا وجود لأحدهما إلا بوجود الآخر. هنا لا نتحدث عن الناس الذين يكوّنون الجماهير بل عن الجماهير من البشر. عن الجموع من البشر الذين يكوّنون الجماهير والتي تتواجد في زمان محدد وفي مكان محدد وهي تهتف للزعيم. أعتقد أن الزعيم يفقد ثقته بنفسه ويكتئب حين يمر وقت طويل دون أن يرى الجماهير تملأ الشوارع وهي تهتف باسمه، وكما قلت سابقاً فإن الزعيم اعتاد مشاهدة أشرطة الفيديو للجماهير وهي تهتف له في المسيرات أو الاجتماعات الحاشدة. إنه يفعل ذلك بين مسيرة وأخرى وبين اجتماع حاشد وآخر، أقول يفعل ذلك لكيلا يفقد ثقته بنفسه كما أنه اعتاد على أن يدعو ضيوفه إلى صالة الفيديو لمشاهدة ساعات من أشرطة الفيديو هذه، وأعتقد أن القارئ يذكر بأنه دعا السيد هائل الذي يريد أن يتزوج أمي إلى مشاهدة مثل هذه الأشرطة. ولا يفوتني هنا أن أذكّر بأن أجهزة التلفزيون تملأ كل زوايا قصر الزعيم لتعيد عرض آخر مسيرة.

بعد جهد جهيد استطاعوا إسكات الجماهير، فقد ظلت فترة طويلة تصرخ وتهلل مسحورة بالمشهد الذي نفذه الزعيم حين خرج إليهم بعد ملاعبتهم. كان جميع من في الشرفة يشير إلى الجماهير كي تصمت فقد كان الزعيم يرغب في إلقاء كلمة بالمناسبة. حل صمت غير متوقع للمى التي كانت منشغلة بمداعبتي، ورغم أنني كنت لا أشارك لمى اهتمامها ولم أكن متجاوباً مع مداعباتها إلا بالإنتصاب[259] لأنني كنت أتابع كل ما كان يجري على التلفزيون، فقد شعرت بانفصام[260] تام عما كان يجري بسبب هذا الصمت.

258 قُطبان: poles
259 إنتصاب: erection
260 انفصام: disassociation

بعد كل الصخب الذي كان يضغط على أسماعي جاء هذا الصمت فحدث معي هذا الانفصام. لم أبعد عيني عن التلفزيون لألقي نظرة إلى رأس لمى أو لأتفحص ما كانت تفعله بل كنت كالمسحور، أنظر إلى الشاشة حيث يظهر الزعيم وهو يستعد ليفتح فمه بينما كنت منفصلاً عن كل هذا. كنت أشعر بمزيج من اللذات[261] واحدة قادمة من وسطي وواحدة بسبب انقطاع الصخب الطويل وابتداء طنين[262] خافت وناعم في أذنيّ وواحدة أخيرة ناتجة عن انفصالي عن هذا العالم. فجأة شعرت لمى بالصمت فرفعت رأسها. أرادت أن تعرف ما الذي سبب هذا الصمت فشاهدت، في تلك اللحظة بالذات، الزعيم وقد تأكد من استعداد الجماهير للاستماع إليه ففتح فمه ليتكلم ولكن، كأنه نسي ما أراد قوله فأبقى فمه مفتوحاً، عندئذ تملكتها نوبة ضحك قوية فأخرجتني من حالتي، فعدت لأتصل بالواقع ولأسألها ما الذي خطر في بالها لتغرق هكذا في الضحك.

أطفأنا جهاز التلفزيون وتمددنا على الكنبة، إلا أن صوت الزعيم ظل يأتينا من الخارج ومن الجهتين، من جهة درج البناية ومن الشارع، وكان درج البناية يضخم الصوت بشكل مزعج وكأننا لم نطفئ التلفزيون.

***

261 لذة— لذات: pleasure

262 طنين: ringing

(17)

كانت المروحة تعمل بأقصى طاقتها ولكنها كانت تنفث الهواء الساخن. كنا عاريين ولكن جسدينا كانا يزخان[263] العرق ولكي نتبرد كانت لمى تذهب كل ربع ساعة إلى الحمام فتقف تحت الدوش للحظة ثم تعود فتتمرغ فوقي ثم تتركني أتعرض إلى تيار الهواء المدفوع من قبل المروحة فأشعر بالبرودة. أيضاً كانت تبلل المنشفة ثم تمسح جسمي بها. ولمى وبسبب طبيعة شقتها كانت تخترع الوسيلة تلو الأخرى لتصارع بها الحر. ومن الحر والهواء الساخن وتعرق جسدينا ولعبة التبريد الجسدي التي كانت تقوم بها لمى نبقت[264] رغبة ما فمارسنا الحب. طالت العملية أكثر من اللازم بسبب خطاب الزعيم الذي كان يخترق الأبواب والجدران ليصل إلينا بشكل واضح ومفهوم. كنت أشرد عند سماعي له يقول كلمة معينة أو جملة ما فأجد نفسي أرد عليه أو أكرر الكلمة في داخلي لأفهم ما كان يقصد، وأكثر الأمور التي كانت تجعلني أشرد هي أخطاء الزعيم النحوية فقد اكتشفت أنه يحب أن يَضمَّ الفاعل والمفعول به على السواء، إلا أنه كان ينصب الحال بشكل ممتاز وبدون أخطاء.

تمتاز حمام شقة لمى بالهدوء رغم أن فيها نافذة صغيرة تطل على سطح البناية الملاصقة لبنايتها، وعندما أقول الهدوء فإنني لا أقصد أننا عندما ملأنا حوض الحمام بالماء وجلسنا فيه، لم يعد يصلنا صوت الزعيم وهو يلقي خطابه، بل كان يصلنا ولكن بشكل أخف وعلى شكل ضجيج بعيد غير مفهوم. لم يكن هذا الضجيج يمنعني من التركيز على لمى التي جلست في الطرف المقابل من الحوض. كانت تلوم نفسها لأنها كانت أنانية جداً ولم تستطع إسعادي. أخبرتها بأن خطاب الزعيم وضجيج اليوم كله

---

263 زخَّ— يزخّ: to sweat profusely

264 نَبَقَ— ينبق: to erupt

هما اللذان منعاني من ذلك، ثم حدثتها عن كل ما جرى معي منذ أن خرجت من البيت وحتى وصولي إليها. سألتني وهي تشعر بالحيرة[265]:

— هل قلت السيد هائل؟

— بالضبط، فأمي ستتزوج السيد هائل، ذاك الرجل الذي أصبح من أهم المقربين من الزعيم.

— هل تدري جيداً ما تقول؟

— أدري جيداً ما أقول فقد كنت قبل قليل عندها وأخبرتني أنهما سيتزوجان يوم الأربعاء القادم، أي بعد ثلاثة أيام وبالضبط في يوم الذكرى العشرين، السيد هائل يريد أن يترك انطباعاً جيداً في نفس الزعيم حين يتزوج في يوم الذكرى.

— وكيف تعرفت إليه؟

— تحدثت شيئاً عن ترتيبات نسائية.

— غريب السيد هائل هذا، فهو يعلم بالتأكيد أنك ابنها وهم يكرهونك كثيراً. سمعت مرة من يقول أنك حي فقط لأنك كاتب معروف وإلا كانوا قضوا عليك. أنت تكرههم أيضاً، إذن قل لي من فضلك،أي زواج هذا؟.. ولا تقل لي أنك ستذهب الى حفل الزفاف!

— تقول أمي إنها ما تزال شابة ويحق لها أن تتزوج ثم إن صديقتها التي هي في نفس الوقت زوجة مدير مكتب السيد هائل قد رتبت الأمر. لا تطلبي مني إجابات على مثل هذه الأسئلة فأنا نفسي لا أعرف كيف أجيب.

— لا تعرف كيف تجيبني إن كنت ستذهب الى حفل الزفاف أم لا؟

— سأجيبك عن هذا طبعاً، طلبت مني المجيء لأنها تريدني أن أكون هناك إلى

---

265 حيرة: confusion

جانبها. بدوني سوف تشعر بالحرج[266]. هل تريدين الذهاب معي، سوف نتسلى؟

رمقتني[267] مطولاً لتعرف إن كنت جاداً أم لا. كانت غير مصدقة تماماً ما سمعته مني، ومعها حق في ذلك فأنا نفسي غير مصدق. ثم إن شدة رد فعلها جعلتني أشك في سبب هدوئي، فهل كنت غير واعٍ لخطر محدق[268] بي؟ هل كان علي أن أغضب وأخاف؟ قالت:

— إني أراك هادئاً ومطمئن البال.

— إني فعلاً هادئ ومطمئن البال.

— ألا تخاف من أنهم ربما كانوا يدبرون لك شِركاً[269] هائلاً يوقعونك فيه؟

— مثل ماذا؟.. أفيديني أرجوك.

كانت غاضبة مني حقاً. نهضت وخرجت من الحوض بينما الماء ينقط من جسمها اللامع. لم تأخذ المنشفة ولم تحاول أن تستر عريها كما اعتادت أن تفعل حين تكون غاضبة. أحببت مؤخرتها التي كانت تهتز بحدة والماء ينقط منها، وعندما التفتت لتنظر إلي قبل أن تخرج من الحمام، شاهدتني أنظر إليها من الخلف. توقفت عند باب الحمام ثم استدارت وقالت ببطء تؤكد على كلماتها:

— هل يمكننا الحديث في الموضوع خارج الحمام من فضلك؟

— أين؟

— في الغرفة.

— وهل ستقفين هكذا هناك أيضاً؟ إنك رائعة في وقفتك هذه.

ضحكت بخفة بينما أمالت رأسها إلى جانب فأخفت وجهها في ساعدها المرتفع.

266 حرج: embarrassment
267 رمق— يرمق: to stare intently
268 خطر محدق: intense danger
269 شِرك: trap

زال الغضب.. على كل حال فلمى لذيذة في كلتا الحالتين. قلت لها:

— حسنٌ، سوف أتبعك، ونهضت من الحوض.

عندما خرجت من الحمام وجدتها جالسة على الكنبة وقد ثنت إحدى ركبتيها ووضعتها إلى جانبها بينما أسندت رأسها على يدها المركونة على طرف الكنبة. الجميل في لمى أنها لا تخجل من عريها في حضوري وهي واضحة تماماً ومنكشفة لي كلياً. جلست في الطرف الذي تركته لي من الكنبة وأسندت ذراعي ورأسي كما كانت تفعل. لاحظت طبقة رقيقة من الدمع في عينيها وهذا يعني أنها كانت جادة في انزعاجها وقلقها فقررت أن لا ألاعبها. قالت:

— هل لديك أية فكرة عن أنهم يحاصرونك ليحصلوا عليك؟ إنهم الآن يصاهرونك[270] ويريدون أن يجعلوك في أيديهم نهائياً.

— ولكنني صامت منذ سنوات فلم أعد أشكل عليهم أي خطر.

— هراء[271].. إنهم لا يريدونك صامتاً، يريدون منك أن تتكلم ولكن في مصلحتهم. أن تصبح في جوقتهم[272].

— لديهم العشرات من أمثالي ممن يغردون في سربهم، إنهم ليسوا في حاجة إلى شخص إضافي.

— بالعكس، إنهم مهتمون بك شخصياً لأنك خارج السرب[273]. لا يريدون أي واحد أن يشكل حالة منفردة. يجب، برأيهم، أن تنضم إليهم وتكتب المدائح[274] في الزعيم.

— وهل يصل بهم الحال أن يدفعوا بالسيد هائل ليتزوج أمي من أجلي؟

— وأكثر.

---

270 صاهر ـ يصاهر: to join the family through marriage
271 هُراء: bullshit
272 جوقة: chorus
273 السرب: flock
274 مدائح: praises

صمتُّ ورحت أفكر.. هل من الممكن أن تكون لمى على صَواب[275]؟ وماذا عن أمي؟ لقد قالت لي إن زواجها بهائل سيكون من مصلحتي لأنني سأعود عند ذلك إلى العمل. قلت للمى:

— كانت أمي مهتمة بأن أكتب رواية جديدة وقالت إنها على استعداد لتدفع لي ألفي دولار إذا ما كتبت رواية جديدة.

— ومتى قالت لك ذلك؟

— اليوم.

— لا تستبعد أن يكون السيد هائل وراء هذا العرض.. إنهم الآن يريدونك أن تكتب والسؤال هو، ماذا ستكتب؟

— هل اقتنع بكلامك؟

— ارجوك اقتنع فأنا خائفة عليك.. سوف ينهونك ولكن بقفاز[276] من حرير.. بل قل بواسطة المصاهرة.

— وماذا علي أن أفعل برأيك؟

— تمنّ[277] لرتيبة خانم السعادة في زواجها وابق بعيداً.

— كيف.. إنها أمي ويجب علي أن أكون معها على الأقل ليلة زفافها؟

أحنت رأسها وراحت تهرش قذالها[278] فقد اعتادت أن تفعل ذلك حين تفكر، ثم قالت:

— حسنٌ، سوف نذهب معاً يوم الأربعاء إلى حفل الزفاف. أريد أن أكون معك لأرى نواياهم بشكل أفضل. أريد أن أراقبهم وهم يتزلفون[279] إليك ويتقربون منك.

---

275 على صَواب: correct

276 قفاز: glove

277 تمنى— يتمنى: to wish

278 قذال: back of the head

279 تزلف— يتزلف: to butter someone up

— أمي ستطير فرحاً حين تراكِ قادمة.

— سوف أشتري لها هدية مناسبة.

— ولكن، كيف سنتصرف، برأيك، في اليوم الذي يلي الزفاف؟ فأنا لا أريد أن أقاطع أمي، هذا من ناحية، ومن ناحية أخرى لا أريد معاشرة السيد هائل.

— في حال كشفت نواياهم الحقيقية تستطيع التصرف كيفما تشاء.. أنت تعرف أفضل مني كيف تتعامل مع السيد هائل وأمثاله. قل لي أنت، كيف ستتصرف إذا كان الأمر كما أتوقع؟

— سأظل أكرههم وسأنتظر ظروفاً أفضل لأكسر الصمت وأعود للكتابة.

— سأتمنى دائماً أن أرى عودتك للكتابة.

— في هذه الظروف.. الصمت حكمة. فقالت لمى:

— الصمت حكمة إن كان الكلام مديحاً للزعيم.

— للكلام وجهان إن أردت.. واحد في مدح الزعيم وآخر في مدح الحقيقة.

— حسب وجهة نظرهم الزعيم هو الحقيقة. فقلت:

— لي وجهة نظر أخرى. فقالت لمى:

— إذاً، قل لي ما هي الحقيقة حسب وجهة نظرك.

كان الماء قد جف من على جسدينا وعاد العرق ليتلألأ[280] وانقلب الانتعاش إلى ضيق. تلألأت حبات العرق تحت جفني لمى وأسفل أنفها بينما تبللت رقبتها. مددت يدي ومسحت حبات العرق من تحت جفنيها وانفها فأمسكت بها وقبلتها. قلت لها إن الحقيقة هي أنت وإنني أحبك وأتمنى في هذه اللحظة أن نأخذ المروحة ونذهب إلى غرفة النوم. جرّت نفسها حتى التصقت بي فضممتها. ارتددت إلى الوراء ثم أمسكت

280 تلألأ—يتلألأ: to glisten

برأسي وجعلتني أنظر في عينيها مباشرة فوجدتها تشرع في البكاء. همست لي:

— أنت كنزي وعلي أن أحافظ على بريقك.

— لماذا تبكين، هل تعتقدين إنني في خطر؟

— أقصد أنني خائفة أن يسرقوك أو أن يشوهوك. الذهب يفقد بريقه حين يكون

على جيد امرأة قبيحة وفي معصميها[281].

— هل فقدت الثقة بي؟

— كلا، ولكنني قلقة بطبعي.. ألا تذكر كيف أنني كشفت خيانة زوجي

بالحدس[282] والحلم؟

— أذكر، ولكن زوجك خائن بالطبيعة.

— بل دنيء[283]، خانني مع بنات السلطة من أجل مصالحه، والسيد هائل أكثر منه

دناءةً ولهذا فأنا قلقة.

— سوف نرى.

— نعم، سوف نرى.. هيا، احمل المروحة واسبقني إلى السرير. سوف أقف قليلاً

تحت الدوش[284] ثم ألحق بك.

ضممت جسدها البارد بتأثير الدوش، الذي وقفت تحته طويلاً، وحاولت أن أركز

على الحب الذي كنا نمارسه. كان الزعيم مستمراً في خطابه وكان يمازح كل فترة وفترة

جماهيره فيرتفع الصراخ ويصل إلينا ونحن نتحابب. حاولت التركيز على الحب فتناسيت

ضجيج صمتي وضجيج صخبهم.

---

281 معصم— معصميّ :wrist

282 حدس: intuition

283 دنيء: base, despised

284 الدوش: shower

(18)

إنني أعتذر للقارئ على هذا الفصل الإيروتيكي ولكنني أرى أنني أحاول أن أكون دقيقاً فيما أكتب، وإلا كيف يمكن تحمل الصمت والصخب؟ إن الصمت المفروض علي منذ سنوات يكاد يخنقني وما استمراري في الحياة إلا نتيجةً لهذا العشق الذي يربطنا معاً أنا ولمى. لقد وجدنا سوية بأننا لا نستطيع مقاومتهم إلا بالحب وأعود فأذكّر القارئ كيف أنني عندما كنت أخرج من جلسات التحقيق في «قضية طز» كنت أسرع لزيارة لمى فوراً فأصل لأراها تنتظرني على نافذة شقتها الوحيدة. كانت تفتح لي الباب لنقف خلفه محتضنين لمدة طويلة دون أن نمل أو نتعب ثم كنا نذهب إلى السرير لنتحابب بشكل لم يسبق لنا أن فعلنا من قبل. كنا نجد في الحب ملجأ[285] أميناً لنا أو يمكنني أن أقول إننا كنا نرد عليهم بالحب ثم كنا نجلس ونحن نتبرد بالمناشف المبللة لنضحك عليهم.

الضحك والجنس كانا سلاحينا لنستمر في الحياة، ففي السابق كانت الكتابة بالنسبة لي السبب الرئيسي في الاستمرار أما عندما فُرض علي الصمت فقد وجدنا أن الجنس كلام، بل صراخ في مواجهة الصمت. في الماضي، عندما أكون خارجاً للتو من فرع الأمن أكون في حالة أقرب إلى الإرهاق أو حالة أقرب إلى مجموعة من المشاعر مثل التعب زائد[286] النزق والغضب والفراغ. من أجل ذلك كنت أسرع إلى أول سيارة أجرة وكنت أشعر بنفسي وأنا أتمنى من سائق السيارة أن يطير بسيارته عوضاً عن انتظار الشارة الخضراء عند مفارق الطرق. كنت أتمنى لو كان سكن لمى قريباً من مقر المخابرات عوضاً عن الأربعة كيلومترات التي هي المسافة الفاصلة بينه وبين شقة لمى. في أكثرِ من مرة رافقتني إلى جلسات التحقيق. كانت تنتظرني في الخارج لأنها كما قالت

285 ملجأ: shelter
286 زائد: in addition

لم تعد تطيق البقاء في البيت والانتظار حتى أعود، وعندما كنت أخرج وأجد لمى تقف في الظل، على الرصيف المقابل، كنت أمسك بها وأشير مسرعاً إلى أول سيارة أجرة لنهرع إلى شقتها. في المرة الأولى استغربت استعجالي وقد حسبتني هارباً من شيء ما، ولكنها في المرة الثانية فهمت السر فقد كنت أسرع لكي ننفرد ببعضنا البعض على سريرها لأعيد التوازن إلى نفسي من خلال ممارسة الجنس معها.

هي أيضاً حدثتني عن شعورها وهي تنتظر عودتي من التحقيق، فقد قالت لي إنها كانت، في تلك الأوقات، تبكي وتتمنى عودتي لتضمني، حتى أنها كانت تتكلم بصوت مسموع وتنادي لآتي فوراً لأنها تشتهيني حتى الموت. وعندما ندخل الشقة كنا نفعل نفس الشيء الذي كنا نفعله في المرات التي لم تكن ترافقني فيها. كنا نقف خلف الباب يضم كل واحد منا جسد الآخر بقوة وحرارة حتى يمر الوقت المحدد لضمة خلف الباب ثم أقودها أو تقودني إلى غرفة النوم وهناك نسرع وكأن الوقت يداهمنا فنتعرى بدون أناقة ونقذف ثيابنا في كل الجهات ثم نلقي نفسينا على السرير لنتحابب بقوة وعنف وكأننا التقينا بعد غياب طويل، رغم أننا، وفي كثير من الأوقات، نكون قد مارسنا الحب في الليلة السابقة.

عندما كنت أعود من التحقيق كان وجهانا يرفضان أي قناع[287] مهما كان سواء كان الحياء أو الخجل فالرغبة في الحياة والمواجهة[288] ترفض أي قناع مهما كان، أما الجسدان فقد كانا يلتحمان وكأنهما لشخص واحد. هذا الشخص هو.. أنا وهي.

ممارسات ما بعد التحقيق كانت تختلف عن تلك التي تجري في الأوقات العادية. ففي الأوقات العادية قد أفكر بعدم الإقدام على شيء ما أو طلب شيء آخر بينما في الأوقات التي أتحدث عنها نكون في حالة الرغبة في عدم إجراء أية حسابات.

287 قناع: mask
288 مواجهة: confrontation

هل أتحدث عن الفحش[289]؟ نعم.. ولكن عن الفحش البريء الذي يأتي دون تصميم أو تخطيط. عن الفحش الذي يأتي برضا الطرفين ولا أحد يتحدث عنه بعد ذلك. أصبحت أذهب إلى التحقيق وأنا أكثر جرأة وأكثر مقدرة على التحمل. أصبحت، أثناء التحقيق، أكثر هدوءاً وأكثر ثقة بالنفس حتى أنني صرت أهزأ[290] من كل ما كان يجري وأضحك وأطلق النكات وأسخر من «قضية طز» التي شغلت الأجهزة الأمنية وفروع الحزب وشغلت رئيس اتحاد الكتاب ذاته الذي راح يحشد الكتاب الرفاق لمهاجمتي والهتاف ضدي، كل ذلك أصبح مجالاً للسخرية وأصبحت أنتظر انتهاء زيارتي للفرع لأعود بعد ذلك إلى لمى فقد كنت أعرف أننا معاً سنمحوا كل المضايقات.

الشيء الجميل في لمى هو أنها تحترم جسدها، بل قُل تقدسه[291]. من عادتها أن تستيقظ صباحاً لتبدأ برنامجاً دقيقاً في تربيته. تقع شقتها على بعد خمس دقائق من الحديقة العامة ولذلك فإنها ترتدي كل صباح ثياباً رياضية خاصة تجعلها تتعرق بشدة وتنطلق إلى الحديقة العامة لتقوم، مع احدى جاراتها، بمشي رياضي سريع لمدة ساعة كاملة. لا أعرف ما الحكمة في جعل جسدها يتعرق أثناء رياضة المشي هذه مادامت تتعرق في شقتها طوال الوقت. وقد سألتها هذا السؤال فأكدت لي أن التعرقين مختلفان وأن للتعرق صباحاً أثناء رياضة المشي فوائد جَمة[292] بينما هي تبرد جسدها في البيت باستمرار وتمنعه من التعرق. ثم أنها اعتادت أن تقوم ببعض الحركات السويدية[293] قبل العودة إلى البيت حيث تقف تحت الدوش البارد. كما أنها اعتادت القيام بالكثير من الحركات الصعبة أثناء النهار ولمرات كثيرة وهي تحفظ العديد من الحركات وفوائدها، فهذه من أجل القوام وتلك من أجل المعدة وما إلى ذلك، وبما أنها عاقر[294] ولم تلد أي

289 الفحش: indecency
290 هزأ— يهزأ: to mock
291 قدّس— يقدّس: to hold sacred
292 جَمّة: many
293 سويديّة: Swedish
294 عاقر: childless

طفل فإنها ما تزال تحتفظ بجسم متناسق ومشدود ولا أثر فيه لترهل[295] أو تجاعيد.

ثم إنها اعتادت الذهاب إلى السباحة مرة كل أسبوع صيفاً وشتاءً وما أزال حتى اليوم أرافقها إلى المسبح صيفاً أما في الشتاء فإنها ترتاد مسبحاً شتوياً خاصاً بالنساء وعندما تعود من المسبح تكون في حالة نفسية وجسدية رائقتين فتخبرني ونحن في الفراش أنها، وكلما لامس ماء حوض السباحة بشرتها تمنت أن تكون في أحضاني. إن علاقة لمى بالماء علاقة حميمية ولا أستطيع التكهن كيف يمكن أن تكون بدون ماء تسبح أو تستحم فيه باستمرار وفي كثير من الأحيان كنت آتي إليها وأدخل فأحسبها غير موجودة وعندما أدخل إلى الحمام أجدها نائمة في الحوض الممتلئ. وقد قالت لي بأن ما أعجبها في هذه الشقة الصغيرة ودفعها لشرائها هو وجود حوض في الحمام رغم صغر حجمها.

لمى تتباهى بجسدها وتشعر بقيمته. تدلله وتشبعه وتجعله تحت مراقبتها باستمرار. إنه طفلها المدلل وقد قالت لي يوماً إن والديها جعلاها تنتظم في دورات لتعليم الفروسية[296] في أحد النوادي وقد تعلمت ركوب الخيل بشكل جيد وعندما تعرضت إلى عدة سقطات من على ظهر جوادها دون أن يصيبها سوء، خافت أن ينكسر لها ضلع أو ساعد، إلا أنها لم تهجر النادي بسبب حبّها للفروسية ولكنها، عندما شاهدت أحد المتدربين يسقط فعلاً وتنكسر ساقه توقفت عن ركوب الخيل. إن عدم وجود أي عيب في جسد لمى جعلها بدون أي عقدة نقص حين تتعرى. لقد اعتادت المرأة أن تخبئ الكثير من تفاصيل جسدها عن أقرب الأشخاص إليها بمن فيهم زوجها بسبب وجود عيب ما في تكوينه أو بسبب مرور السنين أو الإرهاق أو التلف[297]. هذا الشيء هو بالتحديد ما نسميه الخجل من إظهار العيوب، وربما كان الحياء عند المرأة مرده إلى الخوف من إظهار العيوب الجسدية، ولكن لمى لا تمتلك أي عيب في جسدها تخاف

295 ترهّل: sagging
296 الفروسيّة: horse riding
297 تلف: damage

أن يظهر لحبيبها فتراها لا تجد أي مشكلة في التعري أمامه. ما إن تعود لمى إلى البيت حتى تخلع جميع ثيابها وتقوم بكل أعمالها وهي عارية. إنها تدخل إلى الحمام لتقف تحت الدوش لدقائق ثم تخرج وهي مبللة لتتابع ما كانت تقوم به ثم ما تلبث أن تدخل الحمام من جديد. في مثل هذا الطقس لا لزوم للثياب سواء كنتُ عندها أو كانت بمفردها، وربما اكتفت بالبكيني خاصة عندما تكون بمفردها وليس العكس. اعتادت التحرك أمامي إلى هنا وهناك لا يستر جسدها أية قطعة قماش وعندما تجلس فإنها تأخذ حريتها في الجلوس دون أن يؤرقها ما يمكن أن يظهر منها. هكذا هي لمى.. امرأة حرة تمتلك ذاتها بدون أي عائق وتمكن حبيبها من امتلاكها كما يشتهي.

***

(19)

تناولت طعام الغداء مع لمى قبل أن أنزل وكان غداءً بسيطاً، فهي تجيد صنع صندويشات الفلافل وقد تناولت اثنتين بينما اكتفت لمى بنصف واحدة. شربنا أيضاً البيرة لتساعدنا على البلع. كنت قد أخبرت لمى عن نيتي بزيارة أختي سميرة لأسمع رأيها حول زواج أمنا، ولأحاول أن أكتشف بعض الأمور الغامضة لدي حول هذا الزواج، والتي يمكن أن تكون أمي قد أسرّت[298] لها بها فالنساء يتحدثن مع بعض بحرية أكبر وليس لديهن أسرار فيما بينهن.

أخبرت لمى بأنني مضطر أيضاً للمرور على مقر الحزب لاسترجاع بطاقتي الشخصية قبل الذهاب إلى مقر الأمن العسكري في التاسعة والنصف كما طلب مني قائد تلك الدورية التي أوقفتني قرب بيت أمي. أصابها القلق فور إخباري لها بضرورة مروري على المقرَين فقد كانت نسيت ذلك لأننا انشغلنا بموضوع زواج أمي بالسيد هائل فتعلقت بي وراحت تنبهني بأن أكون هادئاً وألا أسخر منهم أو استفزهم[299]، فهم سريعو الغضب وقد لا يمتازون بحس الفكاهة فتتحول سخرية بسيطة إلى مصيبة كبيرة، إذ سيجعلونني أتردد عليهم طوال أسبوع كامل.

كانت أجهزة التلفزيون مشغلة على الآخر حين تركت لمى ونزلت درج البناية ويبدو أن المسيرة قد أصبحت في نهايتها لأن المذيعين كانوا يتحدثون، كل من موقعه، عن عظمة المسيرة ويلتقون بالجماهير ويوجهون إليهم الأسئلة عن مشاعرهم تجاه الزعيم والذكرى العشرين. ولكن عندما خرجت من البناية كانت الشوارع ما تزال خالية من المارة فاتجهت إلى وسط المدينة. بعد عدة مئات من الأمتار بدأت أشاهد

298 أَسَرَّ— يسُرُّ: to confide

299 استفزّ— يستفزّ: to instigate

السيارات وقد عادت إلى السير ثم بدأت جموع متفرقة من الناس العائدين من المسيرة تأتي. وكان ثمة بعض الرجال ممن فضلوا البقاء في بيوتهم يخرجون منها بعد أن تأكدوا من انتهاء الاحتفال إلا أنهم كانوا يشكلون أقلية بسيطة نسبة إلى القادمين من الاتجاه الآخر. في هذه اللحظة بدأت تتوارد سيارات محملة بالشبان وهم يلوحون بالصور والأعلام ويهتفون بحياة الزعيم بينما كانت أبواق السيارات تزعق دون توقف. كانت هذه السيارات تسير بأرتال طويلة وبسرعات عالية ثم كان عليها في بعض الأحيان أن تتمهل إلا أن الشبان فيها سرعان ما يفقدون صبرهم فتتعالى هتافاتهم وتتحول إلى صراخ لا معنى له.

أيضاً، بدأت تفد على الأقدام قطعان من الشبان الحاملين لصور الزعيم واللافتات التي تمجده وتمجد الحزب. كانت ثيابهم رثة[300] بسبب التعرق والزحام بينما وجوههم وعيونهم محمرة كالشمندر[301]، وبالرغم من أن أصواتهم كانت مبحوحة إلا أنهم استمروا في ترداد الهتافات وتعييش الزعيم وما هي إلا دقائق حتى وجدت نفسي في مواجهة آلاف الأشخاص وخاصة من الشبان الذين هد بعضهم التعب ولكن أكثرهم كان في حالة هذيان غير طبيعي وكأن المسيرة لم تنته بعد بل ازدادت حدةً. كانوا يسيرون في عرض الشارع وهم يلوحون بالصور ويوقفون صفوف السيارات التي كان من فيها يحتج بالصراخ وبالضغط على الزمامير بشكل متواصل. على أحد مفترقات الطرق شاهدت عراكاً بين قطعان الشبان الهائجة وراكبي السيارات وأصبحت تسمع أصوات ضرب السيارات بالقبضات ثم تحولت الهتافات إلى صراخ وشتائم ثم انهالت على الفريقين الأحجار من جهة ثالثة فاحتمى البعض وكنت منهم بمداخل العمارات خوفاً من انهمار الأحجار على رؤوسنا إلا أنه سرعان ما حضرت مجموعات العناصر الأمنية وفرق

300 رثّة: tattered, ragged
301 الشمندر: beets

الحزبيين المسلحة وراحوا ينهالون على الفريقين بالضرب فهرب من استطاع الهرب من الشبان بينما استطاعت أرتال السيارات التحرك ولم يخل الأمر من ضرب بعض سائقيها.

خرجت من مدخل العمارة الذي احتميت داخله ورحت أسير في طريقي ولكن عكس التيار بالطبع حتى أن أحد الرفاق الذين كانوا قد قبضوا على المشاغبين وأوقفوهم في مواجهة الجدار قد لاحظ أنني أسير باتجاه مركز المدينة وليس العكس ولكنه تركني أمر رغم أنه ظل يشيعني[302] بنظره مدة من الزمن. لقد لاحظ هذا الرفيق أنني لم أكن في المسيرة بسبب اتجاه سيري وعندما كنت أستدير لأتأكد إن كان ما يزال ينظر كدت أصطدم بالجموع حتى أنني تلقيت لطمة بمقبض صورة كان يحملها أحد الموظفين، وكان يرتدي بدلة العمل الزرقاء بأمر من الحزب.

كنت أسير بالفعل عكس التيار فكنت أصطدم بالناس القادمين وكلما مشيت أكثر كانت الشوارع تكتظ أكثر ويزداد جهدي المبذول لأفتح به طريقي حتى شعرت بالتعب وفكرت أنه لم يكن علي أن أخرج من شقة لمى في هذا الوقت وكان علي الانتظار حتى مغيب الشمس. كنت أسير إلى الأمام بينما أصطدم بالناس وعندما وصلت إلى منعطف شارع فرعي حسبت أنه بإمكاني دخوله لأنه سيكون أقل ازدحاماً ولكنني وجدته مثل الشوارع الأخرى فتخليت عن الفكرة وتابعت السير إلى الأمام. لم يكن الزحام وحده الذي كان يضايقني بل أيضاً الضجيج الذي كان على أشده بسبب أبواق السيارات وصراخ الشبان ومكبرات الصوت المعلقة على البلاكين والأشجار التي كانت تصرخ بالأغاني الوطنية وموسيقى المارشات العسكرية وبأصوات المذيعين الحماسية. اضطررت للوقوف في مدخل إحدى العمارات فلم أعد أستطيع الاستمرار. في هذه اللحظة كانت مجموعة كبيرة من الفتيات العائدات من المسيرة واللواتي كن يرتدين

302 شيّع — يشيّع: to follow

الثياب الخاكي[303] تتعرض أمامي إلى المضايقات من قبل بعض الشبان الهائج. اقتربت السيارة الأولى من الرتل، وكانت مليئة بالشبان، من الفتيات وراحت تهددهن بالدهس. كان السائق يدوس على دواسة البنزين بشكل متتابع فيصدر المحرك صوتاً مخيفاً وكأن السيارة تستعد للانقضاض على الفتيات فتُسمع صيحات من هنا وهناك. كان بعض الفتيات يضحكن بينما كانت الأخريات يصرخن بخوف عندئذ أسرع عشرات الرجال للإحاطة بجمع الفتيات هذا لحمايتهن فشكلوا إطاراً حولهن ثم راح الرجال يتهجمون على من كان في السيارة وفجأة وجه أحد الرجال لكمة إلى وجه السائق فترجل[304] الشبان وحدثت معركة كان سلاحها صور الزعيم، المثبتة على الخشب المعاكس، وقبضاتها فتناثرت صور الزعيم وديست بالأقدام. وبينما كان الرجال والشبان يتعاركون ويقذفون بعضهم بقواعد الصور المتطايرة وجدت الفتيات الفرصة السانحة ليهربن ثم سمعنا صوت طلقة رصاص واحدة من مسدس ثم شاهدنا عدداً من الرفاق الحزبيين يهجمون على الجمع المتلاحم شاهري المسدسات وراحوا يضربون الرؤوس بأخمص المسدسات لتفريق الرجال والشبان. وعلى ما يبدو فقد ضرب أحد الرفاق رجلاً من أصحاب النخوة[305] فنهض هذا وواجه الرفيق فتبادلا الشتائم فترك الرفاق الباقين وجاؤوا ليكيلوا اللكمات[306] إلى الرجل حتى أغمي عليه فحملوه وركضوا به مبتعدين باتجاه سيارات الحزب لاحتجازه.

* * *

---

303 خاكي: army fatigue color
304 ترجّل— يترجّل: to step out of the car
305 النخوة: chivalry
306 يكيل اللكمات: to hurl blows

(20)

وجدت الفرصة مناسبة لأبتعد فقد كان الجميع يقف متفرجاً على العراك فتابعت سيري إلا أنني تعثرت بعد دقائق بجسم لم أتبينه في البداية بسبب الزحام (وكان غيري قد تعثر به أيضاً) فعدت إليه فوجدته جسد امرأة متحجبة كانت قد فقدت الوعي بسبب الزحام والحرارة، التي كانت قد خفت قليلاً إلا أنها ظلت مرتفعة. سحبت المرأة وجعلتها تستند بظهرها على الجدار وصرت أصرخ في الناس لكيلا يدوسونها أو يتعثرون بها. صرت أصرخ أيضاً طلباً للماء إلا أنه لم يكن أحد يمتلك شيئاً منه. جاءت امرأة أخرى فانحنت ثم راحت تصفع[307] المغمى عليها على وجهها برفق لتوقظها دون جدوى. صنع ثلاثة رجال سياجاً حولها بأجسادهم لحمايتها من سيل الناس، وبينما كنت أنظر إلى الأعلى باتجاه الطوابق العلوية من العمارة التي كنا عندها، باحثاً عمن يمكنه مدنا بسطل[308] ماء لغسل وجه المرأة، حدث إطلاق نار من مدفع رشاش. كانت النار قريبة جداً منا ولم نكن نعي السبب الذي دفع عناصر الأمن لفتح النار إلا أن ذلك أحدث ذعراً[309] رهيباً في الناس فتدافعوا وركضوا للاحتماء فدفعونا معهم فسقطت على الأرض ودفعوا بعيداً كل من كان واقفاً معي حول المرأة وسقط البعض فوقها. كنت أتلقى الرفسات أو يدوسني الناس المذعورون ولكيلا يزداد الأمر سوءاً حاولت النهوض دون جدوى فقد كانوا يسقطونني كلما تمكنت من الارتفاع عن الأرض ولولا أن التدافع كان قد خف بسبب انحسار الخوف لما تمكنت من الوقوف على قدمي، عندها رجعت إلى المرأة فوجدتها في حالة سيئة جداً فقد كان الدم يسيل من عدة أماكن من وجهها ويديها وساقيها. أمسكتها من إبطيها ثم رفعتها ووضعتها على كتفي الأيمن ونزلت بها إلى

307 صفع— يصفع: to slap
308 سطل: bucket
309 ذعر= خوف: terror, fear

الإسفلت ورحت أسير بين السيارات والناس وأنا أصرخ لإفساح الطريق. أحمد الله على أن الناس راحوا يتجاوبون مع صراخي فصرت أهرول[310] بشكل أسرع حتى أن البعض تطوع بالركض أمامي ليفتح لي الطريق.

كنت أعرف أن المرأة ستموت إن تركتها بينما كان من العبث الوصول إلى المشفى العمومي بالسرعة اللازمة لإنقاذها. كان رجل واحد يركض أمامي يفتح لي الطريق وقد وجدت أننا وصلنا إلى المنعطف الذي يؤدي إلى المشفى العمومي رغم أن مسافة طويلة مازالت متبقية للوصول إليه. شجعني الرجل على الاستمرار بتفانيه في فتح الطريق فلم أكن أشعر بثقل المرأة ولا بالحر الذي يطبق علي من كل الجهات. كان الرجل الطيب يصيح بي لأستمر في الركض مطمئناً إياي بأن المسافة أصبحت قصيرة وأننا اقتربنا من الوصول ولكن المسافة كانت فعلاً بعيدة. وبدون إنذار وجدت نفسي أفقد قواي وأفقد تنفسي وشعرت بساقيّ تضعفان إلا أنني، رغم ذلك، قررت المضي[311] فالمرأة يمكن أن تموت إن قمت بإنزالها لأستريح. وفجأة فقدت الأرض التي كنت أدوس عليها فقد تعثرت بشيء ما أو ربما اشتبكت قدماي بعضهما ببعض فسقطت ومعي المرأة. كان السقوط مريعاً لأنني سبحت بشكل أفقي في الهواء لثانية وبسبب ثقل المرأة اتجهت برأسي نحو الأرض. تمسكت بجسد المرأة فسقطت أولاً على مؤخرتها ثم انقذف جذعها في الهواء ليندق رأسها على الأرض. ولكنني شعرت بذلك، شعرت بأن المرأة ستقتل إن سقط رأسها على الأرض بهذه القوة فمددت يدي اليسرى إلى أقصى ما استطعت فجاء رأس المرأة عليها مباشرة ليدقها دقاً أليماً فقد أحسست وكأن مطرقة هائلة قد سقطت على قفا يدي وبأنها ربما انكسرت.

عندما استدار الرجل الذي كان أمامي شاهدنا ونحن نهوي على الأرض. مد يديه

---

310 هرول— يهرول: to jog, to walk fast

311 مضى— يمضي: to march on

بدون وعي ليتلقفنا[312] رغم أنه كان بعيداً مسافة نصف متر عنا وشاهد كيف كان رأس المرأة سيتحطم لولا أنه سقط على يدي. كنت أتلوى من الألم حين وقف يطلب من الناس الانتباه لئلا يسقطوا علينا وقد أخبرني في المشفى العمومي، حين وصلنا إليه فيما بعد، كيف أن الناس اندهشوا لمرأى رجل وامرأة مستلقيان على الرصيف وبين الأقدام وقال إنه وجد صعوبة في إبعادهم وعندما تأكد من أنني ربما قد كسرت يدي راح يرجو البعض لمساعدتنا فتطوع[313] ثلاثة شبان فحملوا المرأة وقام هو بإسنادي ورحنا نركض حتى وصلنا بعد جهد جهيد إلى المشفى.

هناك اكتشفوا بأن المرأة كانت قد فارقت الحياة منذ أقل من ساعة وأنهم لن يعرفوا سبب الوفاة إلا بعد أن يقوموا بتشريحها[314] وهذا ما لن يفعلوه الآن فهناك الكثير من الناس الذين يسقطون في المسيرات فداءً للزعيم ولن يشك أحد بوجود جريمة فالموت اختناقاً ودهساً تحت الأقدام في المناسبات الحزبية والوطنية شيء عادي ويكفي أن يحتفظوا بأسماء الموتى ضمن جدول ليصار إلى رفعه، بعد ذلك، إلى الجهات المختصة لاعتبارهم من الشهداء. هناك اكتشفوا أيضاً بأن إصبعي الوسطى كانت مكسورة كما أن يدي اليسرى كانت مرضوضة[315] بشكل قوي نتيجة سقوط رأس المرأة عليها بقوة شديدة فتركت كدمة زرقاء بقطر خمسة سنتيمترات.

قاموا بتجبير[316] إصبعي وقدموا لي كيساً مليئاً بالثلج لأعالج الكدمة وطلبوا مني أن أحتفظ بيدي في وضع أفقي لتخفيف الألم ولمنع استخدامها فعلقوها برقبتي ثم طلبوا مني الانتظار في الممر لتسجيل بعض المعلومات عن المرأة وهناك وجدت الرجل الطيب الذي ساعدني في الوصول إلى هنا جالساً في انتظاري.

---

312 تلقف— يتلقَّف: to catch
313 تطوّع— يتطوّع: to volunteer
314 تشريح: autopsy
315 مرضوضة: bruised
316 جبرَّ— يُجبرِ: to put in a cast

جلست إلى جانبه على مقعد في الممر وكانت جثة المرأة موضوعة على حامل مركون أمامنا على الأرض وقد غطوا الجسد بشرشف أبيض. عندما سألنا قالوا لنا بأن براد المشفى ممتلئ بالجثث لذلك فقد تركوا أجساد الموتى الآخرين في الممرات ولهذا السبب كانت ممرات المشفى تعبق بروائح الجثث التي تسرع في إصدار روائح كريهة بسبب الحر الشديد. جلسنا أنا والرجل صامتين فقد صدمنا خبر موت المرأة التي عملنا المستحيل من أجل إنقاذها. كان الممر الذي نجلس فيه يغص بالناس الذين تعرضوا إلى حوادث مختلفة في المسيرة وكان يطلب منهم، بعد أن يقدموا لهم الإسعافات الأولية، الانتظار في الخارج لإعادة فحصهم أو للانتهاء من تحميض[317] الصور الشعاعية[318] لأعضائهم المكسورة مثلي. كان البعض منهم يأتي في هذه اللحظة والبعض الآخر ينتظر وهناك من كان يرافق مصاباً بينما امتلأت المقاعد ولم يعد المرء يجد مكاناً للجلوس فيضطر لافتراش الأرض أو للاستناد على الجدار. وبسبب الإزدحام كان يأتي مصاب وهو ينزف فيدوس دون أن يعلم على الجثث أو على أقدام الجالسين على الأرض، وفي كثير من الأحيان كانت تأتي مجموعة من الرجال يحملون شخصاً مغمى عليه فتحدث فوضى أكبر وقد يسقط البعض على الأرض بفعل دفعة قوية من قبل المنقذين. فوضى وموت ودماء وكسور وروائح البنج[319] والمطهرات والتفسخ[320] تجعل من يشاهد كل هذا يشعر بالدوار.

***

317 تحميض: to develop pictures
318 صور شعاعية: X-Rays
319 البنج: anesthesia
320 التفسّخ: decay

(21)

كما قلت فقد كنا جالسين أنا والرجل الطيب جنباً إلى جنب بسبب اكتظاظ[321] المقعد بالجالسين وكنا صامتين بسبب ما كنا نرى ونسمع ونشم. سألت الرجل عن اسمه فقال:

— محسوبك[322] جميل الخياط المعروف بأبو أحمد. أخبرته عن اسمي فأطال النظر إلي. ابتسمت وسألته عما به فقال إنه لم يعرفني وربما «العتب على النظر» فقد كان تجاوز الخامسة والخمسين وهو منذ مدة طويلة يبحث عن عنواني ليحدثني عن قصته لأضمها إلى كتابي القادم. لم أشأ إحباطه بإخباره بأنني صامت هذه الأيام وأنني هجرت الكتابة فأعطيته رقم هاتفي ليتصل بي بعد أسبوع أي بعد انتهاء موسم الاحتفالات إلا أنه بدأ بسرد قصته في هذا الجو غير المحتمل.

كان أبو أحمد مسؤولاً عن آلة تصوير المستندات في إحدى المؤسسات العامة، وفي إحدى المرات تعطلت الآلة وبدأت تترك لطخاً سوداء كبيرة على الوثائق التي تقوم بتصويرها فحملها إلى الصيانة[323] لتعود بعد أسبوعين مع بعض التحسن فقد ظلت تتركك لطخاً سوداء ولكن بكميات أقل ومقبولة خاصة وأن الوثائق التي يقوم بتصويرها تعتبر نسخاً ثانوية للتداول اليومي بينما تحفظ النسخ الأصلية سليمة في الأضابير[324]. وفي مثل هذه الأيام من العام قبل السابق طلبت منه لجنة الحزب في المؤسسة أن يقوم بتصوير عشرة آلاف نسخة من صور الزعيم عن نسخة أصلية ملونة ليتم لصقها على الجدران، فكما هو معروف فإن الجدران يجب أن تغطى في المؤسسة عن بُكرةِ أبيها[325] بصور الزعيم حتى ولو كانت متشابهة وهي، على الأغلب، متشابهة. قام بإخبارهم

321 اكتظاظ: over crowdedness
322 محسوبك: at your service
323 صيانة: maintenance
324 أضابير: files
325 عن بكرة أبيها: to the rim

بمشكلة آلة النسخ إلا أنه لم يلق أذناً صاغية[326] لا من قبل المدير المباشر ولا من غيره فقد كان عليه أن ينفذ وإلا حُمّلَ المسؤولية فالوقت ضيق والاحتفالات على الأبواب والجدران يجب أن تغطى بالصور.

قام الرجل بنسخ عشرة آلاف صورة عن الصورة الأصلية وجاء الرفاق والعناصر الأمنية ليلاً فحملوا رزم الصور وقاموا بلصقها على الجدران خلال الليل فالعمال والموظفون يجب أن يشاهدوا الجدران مليئةً بالصور حين تفتح المؤسسة أبوابها في الصباح. وعندما وصل هو أيضاً إلى مكان عمله وجد العناصر الأمنية في انتظاره في غرفته الضيقة فألقوا القبض عليه وقادوه إلى التحقيق في أحد الفروع الأمنية ولم يخرج من هناك إلا بعد ستة أشهر عانى خلالها من الضرب والتعذيب ما لا يمكن لإنسان أن يحتمل. لقد كانت تهمته أنه تعمد تشويه صور الزعيم التي قام بنسخها على آلته فقد كانت كل الصور ملطخة ببقع من الحبر الأسود ومن سوء حظه فقد كانت اللطخ تأتي على إحدى عيني الزعيم فيظهر وكأنه قُرصان[327] بعين واحدة. حقق معه العشرات من المحققين الذين كانوا يتفننون في ضربه وتعذيبه حتى أنه فقد لحم قدميه وتشقق لحم ظهره وانكمشت خصيتاه[328] بفعل الكهرباء وكانوا يخيفونه بأنهم سيضعونه على الكرسي الألماني وهو الكرسي الذي ينطبق على الشخص فيطويه[329] طياً وقد يكسر له عموده الفقري. كانوا يريدونه أن يعترف من هم شركاؤه في الجريمة وفي أي تنظيم معارض منخرط[330] ومن أوحى له بفكرة تشويه عشرة آلاف صورة للزعيم وإظهاره كقرصان. كانوا يريدون اعترافاً، مهما كان، لإقفال الملف وإصدار الحكم فقد كانت الجريمة واضحة برأيهم فمجيء الموظفين صباحاً ليشاهدوا الجدران مليئة بصور الزعيم

---

326 صاغية: attentive
327 قُرصان: pirate
328 خصية— خصيتان: testicles
329 طوى— يطوي: to bend
330 منخرط: involved

الذي يظهر كقرصان عمل جرمي لا يمكن الاستهتار به.

أخيراً، اقتنعوا بأن الأمر لم يكن مدبراً ولكنه حمّل مسؤولية كل ذلك في مؤسسة لا يتحمل فيها أي إنسان أية مسؤولية بل إن الرفاق والمديرين والعناصر كانوا يزيدون الطين بلّة فيذكرون في تقاريرهم أو في إفاداتهم[331] كشهود في القضية أن الرجل لم يكن وطنياً مخلصاً بشكل كاف وأنهم سمعوه مرة يحكي نكتة عن الحزب أو يشتكي من غلاء البندورة. حكموا على أبو أحمد عرفياً[332] بالسجن ستة أشهر وهي المدة التي قضاها في التحقيق يعاني من الضرب والفلقة[333] والصعقات الكهربائية ثم أفرج عنه وأعادوه إلى المؤسسة ولكن كعامل تنظيفات تحت المراقبة والتدقيق المستمرين.

جاءت ممرضة وطلبت مني أن أتبعها وعندما نهض معي جميل الخياط نظرت إليه الممرضة نظرة فهم منها بأن عليه أن يرحل. صافحت الرجل الطيب وودعته بعد أن أخبرني بأنه سيتصل بي قريباً ثم تبعت الممرضة التي كانت تُبعد الناس بطريقة فَظَّة[334]. كانت مستاءة من هذه الحشود غير المسبوقة فكانت تصرخ بهم. صعدنا الدرج إلى الطابق الأعلى ثم مشينا إلى منتصفه وهناك نقرت على أحد الأبواب وفتحته دون أن تنتظر الجواب ودعتني بحركة نزقة[335] من يدها فدخلت ثم أغلقت الباب خلفي ورحلت.

***

331 إفادة: testimony
332 عرفياً: without a trial
333 فلقة: a form of punishment through flogging the feet with a stick
334 فَظَّة: crude, impolite
335 نزقة: impatient

(22)

كانت الغرفة مفروشة كمكتب لرئيس قسم في المشفى ولكن دون أن يكون فيها

أحد. جلست على المقعد الذي بجوار طاولة المكتب. كان كيس الثلج الذي مازلت أضعه

على الكدمة قد سخن وذاب ثلجه وتحول إلى ماء فنهضت ووضعته في سلة المهملات

المركونة أسفل المغسلة بجانب الباب. كان لون الكدمة أزرق على خمري (لون كئيب

ويجعلني مكتئباً). سحبت يدي من الحمالة وإذ بألم حاد جعلني أعيد تعليقها من

جديد وأجلس هادئاً. انفتح الباب ودخل الطبيب الذي عالجني وكان في الخمسينات

من عمره فنهضت لأصافحه فقد وقف ومد يده نحوي بكل تهذيب. لم يجلس على

مكتبه بل على المقعد الذي أمامي ثم فتح ملفاً كان يحمله واستل قلماً من جيبه

العلوي. سألني وهو يستعد للكتابة:

— كيف حال يدك؟

— كما ترى، وجعلته يشاهد الكدمة. ابتسم ثم حمد الله لأنها لم تتهشم. هززت

له رأسي وأنا أنفخ زفرة. قال:

— لم تكن تعلم أنك تحمل امرأة ميتة أليس كذلك؟

— لم أكن أعلم، هل اكتشفتم هويتها؟

— بسبب العدد الكبير للجثث فإنها سترسل إلى الدفن في مقبرة البلدية إن لم يأت

أحد يسأل عنها حتى صباح الغد.

— من المؤكد أن لها عائلة.. زوج وأولاد، قلت بأسى فقال الطبيب:

— طبيعي، ولكن لا نملك ما نفعله.

نظرت إلى عينيه فوجدته يسدد إلي نظرة ثابتة وكأنه يشكو إلي شيئاً. ظللنا فترة طويلة ننظر كل إلى الآخر دون أن ترف أعيننا. بهدوء، نظر إلى الباب ثم نهض إليه دون أن يحدث صوتاً. اقترب من الباب ولكن ليس بشكل مباشر بل من الجانب وفتحه بسرعة ولكن لم يكن هناك أحد. نظر إلى جهتي الممر ثم أعاد إغلاق الباب وجاء وهو يبتسم لما قام به. سألته:

— هل يمكن أن يتنصت عليك أحد؟

— أنت شخص معروف ولن يفوتوا الفرصة ليتلصصوا[336]. اسمع، قال هامساً، أكاد أطق[337].

أردت في البداية أن أتجاهل ما كان يحاول أن يرمي إليه.

— ولماذا تكاد تطق دكتور؟

— ألا ترى ما يحدث؟ لا قيمة للبشر على الإطلاق. لقد جاؤوا اليوم بأكثر من خمس وأربعين جثة لأناس قتلوا دهساً بالأقدام أو خنقاً في الزحام أو بسبب إطلاق نار احتفالي. ماذا تسمي كل هذا؟

— مصيبة.

— هل تتحفظ في التحدث معي؟ لقد أبقيتك لكي أتمكن من الانفراد بك. أعرف جيداً أنك من المغضوب[338] عليهم ولذلك أردتك أن تعرف بأنني أكاد أطق.

— عليك الانتباه فلا يجب أن يحصل معك ما حصل معي. يمكنك أن تعمل بصمت وبدون تذمر وإلا فإنهم سيضايقونك.

— أعرف، ولكن أرجوك أن تجد لي تسمية مناسبة لما يجري.

— تسمية؟ هل هذا كل ما تريده مني؟

---

336   تلصّص — يتلصّص: to eavesdrop
337   طق — يطقّ: to explode
338   مغضوب عليهم: frowned upon

— أعرف أننا لا نستطيع أخذ حريتنا في الحديث. أحب أن أجلس معك اليوم بطوله لنتحدث ولكن، لا وقت لدي. في الأسفل أكثر من ثلاثمائة شخص جريح أو تعرض للاختناق في المسيرة ينتظر، بعد خمس دقائق سوف يأتون لاستدعائي. ثم إنني متأكد من أنهم سيكتبون في تقاريرهم أننا انفردنا في غرفة لوحدنا.

— ما كان من الملائم أن تخاطر يا دكتور.

— لهذا أرجوك.. قل لي ماذا يمكن أن يسمى ما يجري، التسمية يمكن أن تفي بالحاجة، يمكن أن تختصر حواراً بيننا يستمر لساعات. قل لي أرجوك.

كنت أنظر في عينيه المُلتاعتين[339] المترددتين بين عيني وبين الباب. يبقى أن يلهث لتكتمل الصورة. فكرت، ربما هذا بالتحديد ما نطلق عليه اسم «السريالية»[340]. طبيب بعمر أمي يرجوني لكي أسمي له ما كان يجري. وجدت نفسي أردد:

— سريالية.. سريالية.

التقط الكلمة من شفتي ثم استراح على مسند مقعده بسعادة وراح ينظر إلى سقف الغرفة ويردد:

— سريالية.. نعم، سريالية، هذه هي التسمية الحقيقية.

— هل ارتحت؟

استقام على مقعده وراح يعبر عن سعادته:

— نعم، ارتحت. أشكرك على المعونة الغالية. لا يمكن أن يسمى ما يجري إلا بهذه التسمية. كاد ينهض ليشكرني إلا أن نقرة على الباب ردعته ثم انفتح لتظهر الممرضة ذاتها:

— دكتور ريمون، ينتظرونك في الأسفل. فقال وهو ينهض ويخفي سعادته التي

---

339   مُلتاع: anguished
340   السريالية: Surrealism

تملكته قبل حين:

— إني قادم، ثم استدار إلي وأشار إلى الملف ووضع القلم في جيبه، على كل حال أشكرك يا سيد فتحي على المعلومات حول المرأة.

نهضت وصافحته. ضغطت على يده متواطئاً[341] ثم تركتهما وخرجت. نزلت الدرج إلى الطابق الأرضي حيث الجثث والجرحى والروائح.

تنفست بعمق حين خرجت من المشفى فقد كانت الشوارع قد أصبحت أقل ازدحاماً وكانت حركة المرور قد عادت إلى طبيعتها. ولكن الجو كان مغبراً والإسفلت والأرصفة قذرة بشكل لا يطاق. كانت الريح تهب بنعومة على بقايا الصور والشعارات ومزق الصحف وأكياس المأكولات الفارغة فتكنسها ثم تدور بها فتتطاير ثم تنهمر إلى الأرض ثم لا تلبث أن تكنسها الريح من جديد. كانت الحرارة قد اعتدلت وأصبح النسيم منعشاً إلا أن الأرض والجدران ظلت ساخنة. تنفست بعمق لكي أطرد روائح التفسخ والمطهرات التي علقت في رئتي في المشفى العمومي وشعرت بسعادة لأنني لست الدكتور ريمون الخائف من التلصص والتقارير والذي كان يبحث عن تسمية لما كان يجري ليرتاح. أراد التسمية التي قدمتها له ليستعيض بها عن ساعات طويلة من الحديث عما كان يجري. هو الآن غارق من جديد في الروائح بينما أنا منطلق الآن بشكل حر أتنفس الهواء المغبر. ولكنني نزلت من شقة لمى لأواجه مهمات لو كان على الدكتور ريمون أن يواجهها عوضاً عني لكان بحث عن أكثر من تسمية لما يجري.

نظرت إلى معصم يدي اليسرى فلم أجد ساعتي ويبدو أنني أضعتها في الزحام أو ربما تحطمت لحظة سقوط رأس المرأة على يدي. سألت أحد المارة عن الوقت فقال إنها السادسة والنصف. قررت أن أذهب إلى مقر الحزب للبحث عن بطاقتي الشخصية،

341 متواطئاً: in cahoot

فالمسيرة قد انتهت وربما عاد الرفاق إلى المقر. أوقفت سيارة أجرة ودللته إلى وجهتي: مبنى الحزب.

كان جهاز الراديو في السيارة يعيد بث وقائع مسيرة اليوم ويعلن المذيع كل لحظة وأخرى بأنهم سيعيدون علينا الخطاب الذي ألقاه الزعيم في هذا اليوم العظيم. لم يكن الجهاز يبث سوى صخب لا معنى له. ضجيج تختلط فيه كل الأصوات ثم يأتي صوت المذيع في الأستوديو ليعلن عن إعادة بث الخطاب بعد لحظات. طلبت من السائق أن يطفئ الراديو. استدار إلي وهو غير مصدق ما قد سمع. أعدت عليه طلبي:

— أطفئ الراديو من فضلك.

— هل أطفئها[342] حقاً؟

— نعم، أطفئها. فقال ينزل عن كاهله أية مسؤولية:

— على مسؤوليتك؟

— نعم، على مسؤوليتي.

رفع كتفيه ومط[343] شفتيه وأطفأ الراديو. ساق بي حتى مبنى الحزب الضخم. أوقف السيارة عند الموقف بعيداً عن الحرس المدججين[344] بالسلاح. دفعت له ثم طلبت منه أن يعيد إشعال الراديو. أشعلها فنزلت. حين انطلق من جديد التقطت أذناي صوت الزعيم وهو يبدأ خطابه.

***

342 أطفا— يطفئ: to turn off
343 مطَّ— يمطّ: to stretch
344 مدجّج بِـ: clothed in arms

(23)

لكي تدخل مبنى الحزب عليك ان تبرز لهم بطاقة الهوية. أخبرتهم عدة مرات بأنني إنما جئت لأسترد بطاقتي التي أخذها مني الرفاق أثناء المسيرة مع ذلك لم يستطع أحد استيعاب الأمر. الذي كان يجلس في الغرفة قرب الباب استدعى رفيقاً ثانياً وكان علي أن أعيد شرح مشكلتي إلا أنه لم يدعني أدخل بل استدعى رفيقاً أعلى منه رتبةً فجاء هذا ليحل المشكلة ولكنه زادها تعقيداً فهو لم يدعني أدخل بل سألني بعد أن سمع مشكلتي عن الذي سمح لي بالوقوف هنا وعندما سألته ماذا علي أن أفعل أجابني بأن علي أن أنتظر بعيداً عن المبنى. أخيراً سمحوا لي بالدخول فاجتزت الباب إلى بهو داخلي واسع يملؤه الرفاق المسلحون الذين كانوا يشربون الشاي وهم يتابعون جهاز التلفزيون المعلق على الجدار والذي كان يعرض تسجيلاً لخطاب الزعيم.

أخذني اثنان من الرفاق ليوصلاني إلى الرفيق المكلف بالنظر في أمري فمشينا حتى نهاية البهو ثم نزلنا درجاً عريضاً يلتف عدة مرات. كنا نصادف الكثيرين من أمثالهما فقد كان مبنى الحزب يعج بالمسلحين الذين كانوا يحتلون كل زاوية أو يحرسون مداخل الغرف. لاحظت أن مكبرات الصوت مزروعة في كل ركن وهي تبث خطاب الزعيم بينما كان المكان يعبق بدخان السكائر فالشيء الملفت هو أن معظم الرفاق من المدخنين فكثير منهم يحمل السلاح بيد وسيكارة مشتعلة باليد الأخرى وكما قلت فهم أيضاً يحبون شرب الشاي بكؤوس صغيرة من البللور. وفي الحقيقة فأنا لم أكن أعرف عنهم حبهم للتدخين وشرب الشاي بهذا الشكل إلا أن الأمر ليس بذي أهمية أمام اكتشافي للمبنى وما كان يجري فيه فهذه هي المرة الأولى التي أدخل فيها مقر الحزب، ولم أكن

قد كونت فكرة عما سأصادف فيه أو كيف كان يبدو من الداخل حين كنت أمر بجانبه فهو محاط من كل جوانبه بطرقات مكتظة[345] باستمرار بالسيارات.

انتهينا من الدرج لنصبح في بداية بهو عريض وممتد تحسبه إلى ما لا نهاية تغطي جدرانه صور الزعيم بينما تدلى من سقفه أكثر من جهاز تلفزيون يطل من شاشته الزعيم وهو يلقي خطابه بينما كان عدد كبير من الرفاق يروحون ويأتون في البهو دون أن يبعدوا أعينهم عن شاشات التلفزيون. كنت أعرف اننا نسير في مستوى أخفض من مستوى الشارع بعشرة أمتار على الأقل، ورغم ذلك فقد كانت التهوية جيدة وقد تفاجأت بوجود أكثر من سيارة مرسيدس مركونة في فسحات متفرعة من البهو. كيف أتت هذ السيارات؟ أغلب الظن أن هناك مدخلاً سرياً يربط أسفل المبنى بأحد شوارع المدينة، ولكن كيف لم يخطر ببالي وجود ذلك المدخل وكيف لم أره من قبل؟ أستطيع الآن أن أجزم[346] بأن إحدى مغاسل السيارت التي تقع في العادة تحت الأرض هي على ما أظن مدخلاً سرياً لمبنى الحزب. لاحظت أن بعض الرفاق يتهامسون بعد أن يشاهدوني ولم يكونوا يبخلون علي بنظرة احتقار فأنا بالنسبة إليهم الخائن واللاوطني إلا أنني لم أكن أهتم بهم ولا برأيهم عني بل كنت منشغلاً بهذا العالم الغريب الذي وجدت نفسي غارقاً فيه.

أخيراً، توقف الرجلان عند مدخل إحدى الغرف فطلبا مني أن أجلس على مقعد قريب ثم دخل أحدهما وبقي الآخر ليشعل سيكارة ويثرثر[347] عني مع حارس باب الغرفة. أخرجت غليوني[348] ونظفته ثم حشوته بالتبغ الأمريكي ورحت أدخن وقد استرحت جيداً على مسند المقعد. في الحقيقة فقد تسليت بما كان يجري في البهو الواسع

---

345 مكتظة: crowded
346 جزم— يجزم: to be certain
347 ثرثر— يثرثر: to chat
348 غليون: pipe

ولكن صوت التلفزيون المرتفع هو الشيء الوحيد الذي كان يزعجني ولكنني قررت ألا آبه له فقد كان يومي شاقاً وصاخباً بما فيه الكفاية ليجعلني محصناً ضد جميع أنواع الصخب. إلا أن أهم درس تعلمته اليوم هو كيفية إهمال الضجيج، وأريد هنا ذكر الطريقة ليستفيد منها القارئ ذو الحساسية العالية من الأصوات المرتفعة مثلي، فالطريقة بسيطة جداً فيكفي أن يرتد الشخص إلى داخله ليستمع إلى صوته الداخلي لكي ينسى كل هذه الأصوات المزعجة التي تشكل الصخب. وبينما كنت جالساً على المقعد في البهو بجانب الغرفة التي من المفترض ان يُنظر فيها بأمر بطاقتي الشخصية، رحت أمص دخان غليوني ثم أنفثه وأنا أستمع إلى صوتي الشخصي الذي كان يتردد في داخلي. كنت أسمع نفسي أتحدث عما يروقني في هذا العالم أو كنت أجيب عن أسئلة معينة تطرحها نفسي على نفسي مثل، هل يعجبني فصل الربيع في بلدي؟ فكنت أجيب بنعم أو لا وأبرهن على صحة إجابتي بوقائع معينة، هل أحب هذا البلد؟ نعم.. هل أحب ما يجري لي في هذا البلد؟ لا.. وهكذا.

إن الحوار مع النفس حالة مرضية ولكنها مفيدة لكي لا يجن المرء ويفقد عقله. عندما كنت صبياً كنت أحب السير في شوارع المدينة وأنا أتكلم مع نفسي، أيضاً كنت أفعلها حين استلقي في الفراش وانتظر ملاك النوم لكي يغيبني، وفي إحدى المرات شاهدت شخصاً يسير باستمرار في الشوارع وهو يتحدث مع نفسه بصوت عالٍ حتى أنه كان يؤنب نفسه ويعاتبها أو كان يضحك وكان يحرك يديه كما يفعل أي شخص يحادث شخصاً آخر. في الحقيقة خفت أن أصبح مثله فرحت أراقب نفسي وأصبحت، عوضاً عن الحديث مع النفس أؤلف القصص وأسردها على نفسي وعندما كنت أصل إلى وجهتي ولم تكن الحكاية قد انتهت كنت أستمر في السير فأدور حول المدرسة أو البيت

لريثما تنتهي الحكاية عندها كنت أنهي مشواري. ولقد لاحظت أن محادثة النفس تبعد الشخص عن محيطه وتجعله أكثر تقبلاً للعالم بعيوبه الكثيرة، وهأنذا أحادث نفسي في البهو[349] السفلي لمبنى الحزب. ولن يعتقد أحد في هذا الوقت أنني كنت أسأل نفسي في تلك اللحظة عما إذا كنت أحب الربيع في بلدي أو أحبه بشكل عام، بل كنت أصف لنفسي ما كنت أرى فأجمل شيء هو وصف طريقة حمل الرفاق لأسلحتهم فكنت أقول لنفسي، انظر كيف يحتضن هذا بندقيته وكأنها طفل صغير أو ذاك الذي يلوح بها دون خوف من أن يصدمها بالجدار أو غيره. كان هناك رفيق يقرفص وقد وضع البندقية في حضنه بينما انشغلت يداه بالتدخين وشرب الشاي، لكن رفيقاً آخر جعلني أضحك (في سري طبعاً) وأتمعن كثيراً في الكيفية التي يتعامل بها مع بندقيته فقد كان قد أسندها على الزاوية بين الأرضية والجدار ووضع مؤخرته على أخمصها فارتاح الأخمص الخشبي بين فخذيه وبالتحديد عند فتحة الشرج[350]، وبما انه لم يكن متوازناً بشكل جيد فقد كان يميل إلى هذه الجهة ثم إلى تلك وكأنه كان يفرك شرجه بأخمص البندقية فقلت لنفسي، انظر انظر.. انه يتلذذ[351].

انتبهت إلى شاحنة صغيرة تسير على محرك كهربائي مسبق الشحن تأتي من الطرف الذي أتينا منه (أي على يميني) قلت لنفسي، ما هذا.. أيوجد شاحنات أيضاً؟ وعندما اقتربت مني وتجاوزتني شاهدت انها كانت محملة برزم كبيرة لصور الزعيم. ظلت الشاحنة تسير حتى مسافة خمسين متراً ثم انعطفت إلى اليمين. قلت لنفسي لا يجب عليك أن تضيع الفرصة فهيا لتستكشف ماذا يوجد في المنعطف على اليمين على بعد خمسين متراً، فنهضت وجعلت الرفيق الذين يحرسني يعتقد بأنني أريد التريض بعد أن تعبت من الجلوس حتى أنني رحت أصفع فخذي لأوحي له بأنني أزيل الخدر[352] عنهما

349 البهو: corridors
350 الشرج: anus
351 تلذّذ— يتلذّذ: to enjoy
352 الخدر: numbness

فتركني غير آبه لي وظل يدخن سيكارته ويشرب شايه. سرت المسافة حتى المنعطف وأنا أحرك أضلعي بطريقة مصطنعة وهناك أبطأت حركتي لكي أجتاز المنعطف في أطول وقت ممكن ورحت أقوم بحركات تشبه الحركات السويدية. كان المنعطف يودي إلى مستودع ضخم ذي بوابة واسعة بعرض المنعطف ذاته ظللت أنظر إلى داخله وأطبع ما أشاهده في مخيلتي حتى تجاوزته فسرت عدة أمتار ثم عدت ورحت أنظر من جديد وهكذا إلى أن انحفرت في ذهني صورة المستودع وماكان يحتويه فتركته وعدت للجلوس على مقعدي وإشعال غليوني فاطمأن الرفيق الحارس إلى أن كل شيء على مايرام.

استطعت أن أرسم في ذهني صورة واضحة للمستودع ومحتوياته. كان واسعاً جداً وكان مناراً بمصابيح الفلوريسانت ولم تكن هناك أية نافذة، وكان العاملون يفرغون عدة شاحنات كهربائية من حمولاتها وكانت تلك الحمولات توضب على رفوف معدنية بشكل أنيق ومتناسق وتوضع الرزم المتشابهة مع بعضها ولا مجال للفوضى هنا. الآن اكتشفت من أين تأتي ملايين الصور للزعيم بأحجامها المختلفة. كانت الرفوف مليئة إلى آخرها برزم الصور وفي كل رف كان نموذج للصورة يظهر للعيان للدلالة على محتوى الرزم الموضوعة فيه وقد شاهدت عشرات الحجوم المختلفة وعشرات الوضعيات للزعيم فلم تكن الصور تختلف بالحجوم فقط بل بالصورة ذاتها. وفي أحد الجوانب المخصصة للصور الضخمة كانت هناك صورة كبيرة ملفوفة على شكل اسطوانة بينما ظهر منها شعر الزعيم وعينيه فقط وإلى جانبها صورة أخرى ولكن بتدقيق بسيط اكتشفت انها لوحة بورتريه بالألوان الزيتية رسمها أحد الفنانين من نموذج لصورة فوتوغرافية. في الجانب المقابل كانت الرفوف مليئة بالملصقات التي كتبت عليها الشعارات وجمل تأليه[353] الزعيم ومنها واحدة كتب عليها ذلك الشعار الذي سمعت أحد الرفاق وهو

---

353 تأليه: to idolize, to deify

يردده في المسيرة «عظيم عظيم يا زعيم» بينما كان هناك قسم مخصص لتخزين اللافتات القماشية الكبيرة والتي كتب عليها الخطاطون الشعارات التي تمجد بالزعيم والأشعار التي تمتدحه وتمتدح ذكاءه وحكمته وشجاعته.

بعد أن جلست على المقعد لفترة قصيرة قررت أن أقوم بمحاولة لاستكشاف أماكن أخرى في هذا الطابق الذي يمكن اعتباره بدون مبالغة ورشة متخصصة في انتاج البروباغاندا للزعيم. نهضت واقتربت من الرفيق الذي كان يصب لنفسه كأساً ثانية من الشاي وسألته وأنا أمثل بأنني أعاني من آلام في الظهر بسبب الجلوس الطويل:

— عفواً، هل يمكنني أن أعرف إلى متى سأنتظر ومن ننتظر؟ فقال وهو يقدم لي كأس الشاي فأرفضه بحركة لطيفة من يدي:

— الرفيق المسؤول غير موجود.. سوف يأتي في أية لحظة.

— ولكن لا وقت لدي، إنني مشغول.

— يمكنك الرحيل الآن والعودة في الصباح.

— لايمكنني السير في الشارع بدون بطاقتي الشخصية. فقال بطريقة تنهي النقاش:

— إذن، فعليك الانتظار نصف ساعة أخرى.

عندئذ أخبرته بما كنت أريد إيصاله إليه من كل هذه المحادثة:

— المشكلة إنني أعاني من آلام في ظهري والجلوس الطويل يزيد هذه الآلام، فقال هذه مشكلتك ثم راح يرتشف من شايه فابتعدت وأنا أحاول أن أعيد المرونة إلى مفاصلي وأن أطقطق رقبتي وأسفل ظهري. سرت ولكن في الاتجاه الآخر والذي يقع في بدايته الدرج الذي نزلنا منه إلى هذا البهو. أشعلت غليوني ورحت أتسلى بتدخينه فسرت ثلاثين خطوة ثم عدت لكي يصبح الرفيق أمامي فشاهدته وهو يلقى علي نظرة ثم يهملني حين تجمع عدد من الرفاق وراحوا يشعلون السكائر ويتحدثون في أمر ما.

قبل أن أصبح في محازاتهم[354] استدرت لأبتعد عنهم من جديد.

بعد خمسين أو ستين خطوة انفتح باب عادي على يميني ليخرج شاب ويقف ليشعل سيكارة ويبدو انهم يمنعون التدخين داخل الغرفة. في تلك اللحظة، وقبل أن ينغلق الباب من تلقاء نفسه بجهاز نابض على ما أظن، شاهدت ما كان في داخل الغرفة. لم تكن غرفة بل قاعة واسعة مليئة بأجهزة الكومبيوتر وعدد كبير من الشبان والفتيات يعملون عليها. انغلق الباب فاستمررت في السير بخطوٍ بطيءٍ جداً. لاحظت أن الشاب ينظر إلي فاقتربت منه وطلبت أن يعيرني ولاعة سكائره فقدمها إلي بكل تهذيب. أعدت إشعال غليوني. أردت مبادرته بالكلام إلا أنه سبقني وسألني ولكن بتهذيب كبير لا يتناسب مع موقف الرفاق الآخرين مني:

— عفواً، ألست الكاتب الأستاذ فتحي؟ فأجبته فوراً مشجعاً إياه على الاستمرار في المحادثة:

— نعم، وحضرتك؟

— إنني أعمل هنا واسمي «نوح». انت لا تعرفني ولكنني أعرفك. لقد قرأت لك بعض النصوص.

— هل تقول انك تعمل هنا؟ هل تقصد أنك لست رفيقاً؟

— إنني من الشبيبة الثورية ولكنني أعمل هنا أي انني لست متطوعاً بل أعمل لقاء راتب شهري.

— في مجال برمجة الكومبيوتر؟

— كلا، بل في مجال التصميم على الكومبيوتر.

— وماذا تصممون؟

— نصمم كل شيء.. الملصقات والكتيبات التي تحتوي على خطب وأقوال الزعيم

354 محازاة: parallel to

ونقوم بمعالجة صور الزعيم لنزيل عنها الشوائب ونهذبها لنجعلها أكثر جمالاً وغيرها من الأعمال.

وقفت بشكل أرى الرفيق ويراني إذا ما تذكرني وبحث عني. شاهدته مستغرقاً في محادثة مع رفاقه الآخرين. قلت لنوح وأنا أشير إلى الجهة التي رأيت الشاحنة الكهربائية تأتي منها:

— ثم تطبع الملصقات والصور هنا، أليس كذلك؟

— نعم، هنا.. فيوجد أحدث مطبعة في الدولة كلها. أجهزة الكومبيوتر موصولة بالمطبعة بشبكة داخلية فنحصل على نتائج مذهلة.

هززت له رأسي فتابع الشاب:

— ثم إننا في هذه القاعة نرسل صور الزعيم وخطاباته إلى حوالي خمسين موقعاً على الانترنت مختصة بالزعيم ونجعلها (وقالها بالإنكليزية) up to date...

— عظيم، إنكم تقومون بعمل عظيم، ولكن من يقرر كل هذا؟

— تقصد من يحدد الصور التي علينا طباعتها؟ هناك لجنة تدير العمل. ترسل لنا آلاف الصور فنقوم بمعالجتها وتحسينها ثم نعيدها إليها فتنتقي منها الأفضل وقد يطلبون عمل ملصقات تمثل الزعيم وفي الخلفية مصنع أو مزرعة أو مسجد أو من هذا كله.

— أقصد من يقرر الأقوال والشعارات التي تضعونها على الملصقات؟

أشار إلى غرفة أخرى وقال:

— هناك مجموعة مختصة أعضاؤها من المختصين في علم النفس والتربية ومن الرفاق والمفكرين والشعراء يعملون اثني عشرة ساعة في اليوم في التفكير وتأليف

الشعارات وتنظيم الأشعار التي يجب على الجماهير إطلاقها في المسيرات أو لطباعتها على الملصقات أو لنشرها في وسائل الإعلام أو على الانترنت.

— يبدو هذا العمل خاصاً جداً.

— فعلاً، إنه عمل تربوي ضخم وعاطفي أيضاً فالأمر يتعلق بالمحبة.. أي بمحبة الجماهير للزعيم وهو عمل ليس سهلاً أبداً، حتى أن إحدى الغرف هنا مختصة بدراسة ميول الجماهير، فمن مهامهم على سبيل المثال دعوة شرائح متنوعة من البشر ويقومون بإلقاء الشعارات والأشعار عليهم ليقرروا أي منها قريب من قلوب الجماهير، ثم يجعلونهم يحفظونها والشعار الذي يجد الناس صعوبة في حفظه يهمل فوراً ويشطب من القائمة وأفضل الأشعار والشعارات تلك التي يحفظها المرء من ترددادها لمرة واحدة فقط.

— إنه معيار مهم تنتقون به الشعارات.

— هناك شعارات تأخذ زمناً طويلاً لتجهيزها، وهي في العادة تكون من مهمتها دعوة الجماهير إلى الاقتناع بأمر معين يخص الزعيم ولكن يصعب صوغه في شعار سهل أو ببيت شعر بسيط، عندئذ يسهرون الليالي في تلك الغرفة لينظموا مئات الأشعار والشعارات البديلة ومن ثم ترفع إلى لجنة عليا تعمل في قصر الزعيم وفي كثير من الأحيان تعيد كل الاحتمالات ليعاد العمل عليها.

— مثل ماذا، سألته فأجاب:

— مثل تجهيز الجماهير ليقتنعوا بتغيرات معينة ستحصل قريباً أو ليجعلوها هي التي تطلب تغيراً ما سيحصل في البلد فيظهر وكأنه جاء برغبة شعبية.

أطفأ نوح سيكارته ثم مد لي يده وهو يبتسم وقال:

– تشرفت بمعرفتك أستاذ فتحي. كنت منذ زمن أريد التعرف إليك وقد سمعت من مدة أنهم في تلك الغرفة يواجهون أعمالاً متزايدة وصعوبات جديدة جمة ويفكرون في إقناعك في العمل فيها.. إني سعيد لأنني صادفتك هنا فهذا يعني أنك قد وافقت. إنني مضطر لتركك والدخول فإلى اللقاء.

كنت مندهشاً لما قاله ومع ذلك صافحته فتركني ودخل. لم أستطع أن أقول له بدوري إلى اللقاء فقد فاجأتني المعلومة التي قالها لي بأنهم يريدونني ان أعمل معهم في صنع المزاج العام أو تهيئة الجماهير. ياللهول![355] لقد اكتشفت لمى هذا الأمر عندما شكت في أمر رغبة السيد هائل في الزواج من أمي. قالت إنهم يريدونك معهم فهم لا يرضيهم أن تبقى صامتاً فحسب بل يريدون عقلك ان يشتغل في أمورهم. استدرت دون وعي لأعود فاصطدمت بالرفيق الذي أتى ليعيدني. قال لي:

– لقد وصل الرفيق المسؤول.

هززت له رأسي ثم وضعت الغليون في جيبي وتبعته. فتح لي الباب وجعلني أدخل ثم أغلقه خلفي.

***

355 يا للهول: what a catastrophe!

(24)

كانت القاعة متوسطة الحجم وفيها العديد من طاولات المكتب وقد احتلها الرفاق الذين كانوا متشابهين الى حد كبير بالهيئة والملبس. وكان على كل طاولة جهاز كومبيوتر بينما كان الرفاق يعملون بصمت وقد لاحظت أنهم كانوا ينقلون البيانات من الأوراق إلى أجهزة الكومبيوتر أما جدران الغرفة فقد كانت مليئة بصور الزعيم وبالملصقات التي تحتوي على مقتطفات من خطاباته. لم أكن أعرف إلى أي طاولة علي أن أذهب بينما رفع الجميع أعينهم إلي وراحوا يرمقونني دون أن يتطوع أحدهم فيشير إلي بعينيه إلى أين يجب أن أتوجه. توقفت في منتصف الغرفة ورحت أنقل نظري في الجميع. كنت في موقف لا أحسد عليه فأنا لم أصادف أناساً بهذه الحيادية[356] من قبل. صرخ أحدهم يطلب مني الاقتراب من مكتبه. استخدم أمر «اقترب» ولم يقل «تفضل». اقتربت منه وجلست على كرسي امام طاولته وضع خصيصاً من أجل المقابلات. لاحظت أن هذا الرفيق لا يبدو عليه أنه كان غائباً فحضر بل أنه تركني انتظر طوال تلك المدة بدون أي سبب بل ربما لسبب وحيد وهو جعلي انتظر في الخارج وهو لا يعلم بأنه أفادني كثيراً فحصلت على معلومات مهمة حول ورشة «البروباغندا» هذه.

كان اسمه مكتوباً على لوحة مثبتة في مقدمة طاولة المكتب، فسألني الرفيق راشد ماذا أريد وكأنه لم يعلم حتى الآن فقلت له:

— أريد أن أسترجع بطاقتي الشخصية التي أخذها مني الرفاق اثناء المسيرة اليوم.

— ولماذا أخذوها منك، ما الذي فعلته؟

— تدخلت لانقاذ شاب لحقوا به وراحوا يضربونه.

356 حياديّة: neutrality

— هل كان يعنيك الشاب في شيء؟

— يعنيني انه كان يُضرب بقوة.

— ومنذ متى أصبحت محامياً عن الهاربين من المسيرات؟

— هذا واجبي.

رمقني بنظرة غير طيبة تشي بمدى الكراهية التي يخصني بها الرفاق من أمثاله. نظرت إلى الآخرين فلاحظت أنهم يتابعوننا رغم الإيحاء[357] بأنهم يعملون على أجهزتهم. سمعته يسألني فاستدرت إليه:

— هل كنت في المسيرة؟

— إنني لا أخرج في المسيرات، بل كنت..

قاطعني وقد جعل تعابير وجهه تشي بتلك الكراهية التي يصر على مواجهتي بها:

— أنت خائن إذن؟

— يحق لك تخوين من تشاء لأنك تمسك بالقلم.

استفزته كلماتي فاصفر[358] وجهه وحرك مؤخرته على كرسيه. قرب منه لوحة المفاتيح فلاحظت رجفاناً خفيفاً في يديه فوضعت رجلاً على رجل وأخرجت غليوني فقد كنت سعيداً لأنني جعلته يصفر.

— اسمك الثلاثي!

— لماذا تتصنع[359] بأنك تجهل اسمي؟ على كل حال فأنا فتحي عبد الحكيم شين.

ضرب على المفاتيح ثم توقف ليقرأ ما ظهر له على الشاشة. كان يحاول لعب دور ما ولكنه لم يكن يجيد التمثيل، فقد كان يريد الايحاء بأنني نَكِرة[360] فيثبت العكس

357 إيحاء: illusion
358 اصفَّرَ يصفَّرُ: to become pale
359 تصنّع— يتصنّع: to pretend
360 نَكرة: nobody

بأنه هو النكرة. أخرجت ولاعتي[361] أريد أن أغيظه أكثر فأكثر وأبقيت على جلستي المتكبرة[362] تلك. كنت أريد أن ألعب معه حتى ولو لم أحصل على بطاقتي الشخصية. انتبه إلى الغليون والولاعة فقال بتجهم مضحك شبيه بتجهم مربٍّ[363] للأطفال:

— التدخين ممنوع.

— أعلم ذلك، وإنني كمدخن غليون اعتدت على الامساك به وبالولاعة باستمرار. لم أكن أنوي إشعاله.

أشرت برأسي إلى شاشة الكومبيوتر التي لم أكن أرى منها شيئاً لأنني كنت جالساً خلفها وسألته:

— بماذا خرجت؟

— بطاقتك الشخصية ليست عندنا. قلت باستغراب:

— ولكن أين هي؟.. لاأستطيع التجول في هذا البلد بدونها، أصبح الجميع يسألونني عنها.

— إنها في أحد الأجهزة الأمنية، يبدو انهم يطلبونك لزيارتهم.

— ومادخل الأمن ببطاقتي فهم لم يأخذوها مني. الذي أخذها واحد منكم.

— أصبحت عندهم. كتب اسم الجهاز الأمني والعنوان على قُصاصة[364] ووضعها في متناول يدي. التقطت الورقة فوجدت انه أضاف إلى الاسم والعنوان ملاحظة لطيفة ووضع خطاً تحتها. كتب « أعتذر منك أستاذ فتحي..» رفعت رأسي اليه فوجدته يحاول الانشغال بشاشة الكومبيوتر. ظللت أنظر اليه متفاجئاً فحول نظره إلي فاكتشفت نظرة مختلفة جداً. أبعد عينيه عني وراح ينقر على لوحة المفاتيح. سألته وأنا أكتب له

361 ولاعة: lighter
362 متكبِرة: arrogant
363 مُرَبٍي: educator
364 قُصاصة: a piece of paper

ملاحظة على قفا القصاصة وأمدها له:

— هل تريدني أن أذهب؟

— بإمكانك أن ترحل.

— ولكنني لم أفهم شيئاً، كيف وصلت بطاقتي إلى هناك؟

— إنهم يريدونك وكفى.

كنت قد كتبت له أطلب منه أن نلتقي الليلة فأعاد إلي الورقة وقد أجابني بما يلي: «الساعة الواحدة في مطعم أبو نواس». هززت له رأسي وأنا أزفر ثم وضعت الورقة في جيبي ونهضت. مددت له يدي لأودعه فأهملها وعاد إلى الكتابة بإصبعين على لوحة المفاتيح. استدرت وسرت نحو الباب وقد لاحظت أن الجميع يتابعونني بأعينهم بينما كانوا يعملون. خرجت إلى البهو لأجد الرفيقين اللذين أتيا بي إلى هنا في انتظاري فسرت باتجاه الدرج وهما يتبعانني.

✹✹✹

(25)

عندما خرجت من مبنى الحزب كانت الشوارع شبه خالية بينما كان صوت الزعيم يهدر من بعض أجهزة التلفزيون ومن مكبر صوت مثبت في مكان ما من المبنى. كان النسيم ساخناً والنجوم تتلألأ في السماء بينما أغصان الشجر تتحرك بكسل. تمنيت لو تصمت كل هذه الأصوات التي يسببها الإنسان في هذا العالم ولا تبقى سوى أصوات الطبيعة الخافتة مثل تلك التي يحدثها النسيم حين يهب على هذه الأشجار ذات الأوراق المغبرة والتعيسة.

لقد أصبحت واحداً من هواة الصمت منذ أن بدأ الثوار بإلقاء خطاباتهم وتسيير مسيراتهم. أنا لا أتحدث عن الصمت المطلق[365] فعلى كل حال فهذا غير متوفر وأنا لا أطلبه، بل أعني الصمت الذي يسمح بتلك الأصوات الناعمة التي تحيط بنا بأن تصل إلى مسامعنا ولكن الضجيج يمنعها عنا ويقتلها. سوف أقوم بشرح ما أعني، هناك أصوات يقتلها الضجيج الذي يصنعه الإنسان مثل هديل[366] الحمام في الصباح الباكر. في إحدى المرات بنت حمامة عشها في أعلى نافذتي وبالتحديد على نتوءٍ حجريٍّ موجود لأسباب معمارية. كنت أسمع هديلها الحنون في الصباح وما إن يبدأ ضجيج المركبات في الشوارع حتى يختفي صوتها فأحسبها طارت للبحث عن غذائها، ولكنني كنت مخطئاً فقد وجدتها مرة قابعة في عشها وأعتقد أنها كانت تهدل إلا أن هديلها لن يصل إلي وسط كل هذا الضجيج، أو ربما كانت قد قررت التزام الصمت مثلي لأنها إن استمرت بالهديل فإن هديلها سيكون بلا جدوى ولن يسمعه أحد. وكانت لمى قد أحضرت مرة سلحفاةً إلى بيتها وكانت تطعمها أوراق الخس ثم تتركها لتضيع لأيام عديدة تحت قطع

365 المطلق: absolute
366 هديل: cooing

المفروشات، وفي إحدى المرات، وقد قلت سابقاً إن بيت لمى يمتاز بهدوئه وسكينته، سمعت وأنا بين النوم واليقظة صوت سقسقة[367] قصيرة وخافتة ومتباعدة. السكون هو الذي سمح لصوت السلحفاة الناعم في الوصول إلى أذنيَّ فسمعته وميزته. كان صوتاً حنوناً ومن أجمل الأصوات التي يمكن سماعها وهأنذا أتصور كم من الأصوات الجميلة والحنونة تضيع منا بسبب هذا الضجيج الذي يحدثه السياسيون الأكارم ومركباتهم وطرق تثويرهم للجماهير.

هل سمع أحدكم صوت البوم في الليل؟ كنا نذهب كل سنة إلى مكان ما قريب من الشاطئ، وكان ذلك المكان معزولاً وتحف به أشجار البرتقال من ثلاث جهات بينما يحتل البحر الجهة الرابعة. هناك كنت أتمتع بالسكينة، والسكينة لا تعني انعدام الأصوات، أبداً، بل إنها تعني الهدوء الذي يسمح بالتقاط الأصوات الخافتة والناعمة والبعيدة، فبالإضافة إلى صوت تكسر أمواج البحر على صخور الشاطئ البعيد وصياح ديك قبيل الفجر في القرية البعيدة، كان هناك أصوات أخرى تترك في النفس حنيناً دائماً لهذا المكان الهادئ منها صوت جريان الماء في الجدول الصغير وخوار[368] بقرة ونباح[369] كلب في تلك القرية البعيدة وأخيراً وليس آخراً نعيب بوم[370] يشعر بالراحة بعد أن اصطاد فأراً وقام بالتهامه بشهية.

إن أجمل الأصوات على الإطلاق هو صوت مؤذن يأتيك بتسبيحاته من المئذنة التي تبعد عن بيتي مسافة ثلاثة كيلومترات بينما تغط المدينة في نوم عميق وتتوقف وسائل النقل عن الحركة فتفرغ شوارع المدينة من الناس والسيارات ويتوقف التلفزيون عن بث خطابات الزعيم.

---

367 سقسقة: the sound of a turtle
368 خوار: mooing
369 نباح: barking
370 نعيب البوم: hoot of an owl

إن أجمل ما في الكون هو السكون الذي يتيح لنا سماع الأصوات الناعمة والبعيدة.

سرت المسافة بين مبنى الحزب ومجمع مباني الأمن العسكري مشياً على الأقدام يلاحقني

صوت الزعيم من مكبرات الصوت المعلقة على البنايات بحيث أنني كلما ابتعدت عن

أحدها وابتعد عني صوت الزعيم كنت اقترب من مكبر آخر فلا يفوتني حرف واحد

مما كان يقوله. ولكي أهرب من هذا الصخب تراجعت إلى عالمي الداخلي ورحت أشغل

نفسي بما قاله لي نوح: إنهم يريدونني أن أعمل معهم في ورشة البروباغاندا تلك التي

تقع في الطابق السفلي من مبنى الحزب.

(26)

اكتشفت انهم كانوا ينتظرونني في مقر المخابرات فقد أرسلني الحارس إلى غرفة صغيرة تقع أيضاً بجانب المدخل الرئيسي للمجمع، وهناك سألني رجل بشنبين[371] مخيفين عن اسمي ثم راح يبحث في جدول طويل حتى وجده فسمح لي بالدخول. أشار إلى الداخل وأمرني أن أصعد إلى الطابق الثاني من مبنى قريب. هناك وجدت نفسي في غرفة انتظار تتسع لعدد كبير من الناس إلا أن عشرة رجال وامرأتين شابتين كانوا يشغلون بعض الكراسي البلاستيكية في الغرفة. قلت مساء الخير ثم جلست في الطرف الآخر قرب شاب في العشرين من عمره كان يحتار بين الجلوس وبين النهوض للتجول وهو يدفع الهواء عبر فتحتي إنفه برئتين[372] قويتين.

كانت الغرفة شديدة القباحة وقذرة وكان دهان الجدران الأزرق قد تقشر في كثير من المواضع في الأعلى بينما اسودّ، بسبب مرور آلاف الأيدي عليه، في الأسفل. كانت عشرين صورة عتيقة للزعيم تزين النوافذ والجدران وملصق واحد يفيد بعدم التدخين «تحت طائلة[373] المسؤولية». كنت سأخرج غليوني لأشعله ولكن الملصق ردعني فأنا لا أريد تحمل مسؤولية أخرى فوق كل تلك التي يحملونني إياها.

لاحظت أن الشابتين متأنقتان وترتديان ثياباً لا تناسب المكان مطلقاً بل كان ما يناسبه فيهما قلق شديد في أعينهما كانتا تحاولان إخفاءه. أما الرجال والشبان فكانوا أكثر صراحة في التعبير عن قلقهم فكانوا صامتين مطرقين في الأرض يزفرون بقوة أو يتمتمون[374] بكلمات يريدون بها من الله الستر[375] والرحمة.

انفتح باب ودخل عنصر أمن بثياب مدنية مدعوكة وقذرة وذقن غير حليقة منذ

371 شنب: moustache
372 رئة— رئتان: lungs
373 طائلة: consequence
374 تمتم— يتمتم: to mumble
375 الستر: refuge

عدة أيام وأشار إلى أحد الرجال الذي انتفض ولحق به. غاب الرجل في الباب يلحقه العنصر الذي استدار قبل أن يغيب وسدد إلي نظرة متفحصة ثم أغلق الباب خلفه. نهضت كما كان يفعل جاري الشاب وسرت بخطوٍ[376] بطيء إلى خارج الغرفة وهناك توقفت واستندت إلى الجدار. كانت هناك ساعة حائط تشير إلى التاسعة والنصف وكان بعض عناصر الجهاز يتنقلون بين الغرف وفي أيديهم أضابير لها شكل واحد ولون واحد. حاولت السير في الممر لألقي نظرة عبر الأبواب المفتوحة إلى داخل الغرف إلا أن عنصراً، لم يكن ظاهراً إلي لأنه كان مستلقياً على سرير عسكري موضوع في الممر، نهض وأمرني بالعودة. عدت للاستناد على الجدار بجانب غرفة الانتظار وما هي إلا لحظة حتى انفتح باب قريب وخرج نفس الشخص الذي كان ينتظر معنا واستدعاه العنصر. لاحظت أن الرجل خرج مرتاحاً ومبتسماً فقد انحلت قضيته كما يريد. بعد دقائق خرجت إحدى الشابتين وهي تمسك بسيكارة وطلبت مني إشعالها لها ففعلت فوقفت وراحت تنفث دخانها بعصبية. كنت سأحادثها لولا أن عنصرين خرجا من إحدى الغرف بطريقة فظة ثم دخلا في الباب القريب محدثين ضجيجاً مقصوداً ثم خرجا يمسكان برجل، كان ينتظر معنا في غرفة الانتظار، وهو مصفر الوجه ثم نزلا به الدرج. استدرت إلى الشابة فوجدتها تسحق سيكارتها دون أن تكملها وقد وتّرها[377] المشهد ثم دخلت من جديد.

في العاشرة والنصف لم يبق سواي في غرفة الانتظار، أما الباقون فقد كان العنصر نفسه يأتي لاستدعائهم الواحد تلو الآخر ثم كانوا يخرجون من الباب الآخر إما وقد زال خوفهم وتوترهم أو كانوا مصحوبين بعناصر كما حدث لذاك الرجل الذي خرج مُصفراً. كنت أعرف النتيجة وأنا جالس في مكاني بسبب الضجيج الذي كان يحدثه العناصر حين يتم استدعاؤهم لاصطحاب سيء الحظ. فتح الباب وأطل العنصر. أشار إلي بأن آتي

---

376 خطوة— خطى— يخطو: steps
377 وتّر— يوتّر: to make anxious

فنهضت. انتظرني حتى أدخل ثم تبعني وأغلق الباب خلفي.

كانت الغرفة بعرض غرفة الانتظار ولكنها أقصر، بينما الفرش مقتصراً على طاولة معدنية ومقعد خلفها وكرسيين أمامها ونافذة وباب آخر لخروج الناس بعد المقابلة. كان في الغرفة أيضاً جهاز تلفزيون يعمل دون صوت (كان تسجيل خطاب الزعيم قد انتهى ويعرضون أغان وطنية حماسية) بينما تحتل صورتان للزعيم الجدارين على اليمين وعلى اليسار. طلب مني العنصر بصوت أجش[378] أن أجلس على أحد الكرسيين ففعلت ثم وقف ينظر إلي.

كانت صورة الزعيم التي تواجهني غريبة علي فلم أكن قد شاهدتها من قبل فقد كانت تصور الزعيم وهو يسوق سيارة رولز رايس وقد أراح ذراعه اليسرى على نافذة السيارة وينظر إلى الكاميرا وهو يبتسم. ربما لم يكن يسوق السيارة بل أراد أن تلتقط له صورة وهو في هذه الوضعية، وعلى كل حال فقد كانت الصورة طبيعية جداً وهذا ما جعلني أطيل النظر فيها لأتفادى تلاقي عيني بعيني العنصر الذي، كما أظن، لم يكن يحول نظره عني طوال هذه المدة. فتح الباب بقوة ودخل المسؤول وللغرابة فقد كان شخصاً نحيل الجسم وقصيراً بينما كان وجهه ينم عن أصل ريفي قاسٍ. كان يمسح يديه بفوطة فقد كان قد غسلهما في مكان ما فمد الفوطة للعنصر وانتقل إلى مكانه خلف الطاولة المعدنية. كنت قد نهضت بناء على إشارة من العنصر فأشار لي المسؤول لكي أجلس فجلست بينما انتقل العنصر ليقف إلى جانب الباب.

فتح المسؤول جاروراً[379] في الطاولة وأخرج إضبارة[380] سميكة لها نفس الشكل واللون لباقي الإضبارات التي شاهدت العناصر يتنقلون في الممر وهم يحملونها. وضعها أمامه على الطاولة ثم فتحها وألقى نظرة علي لم أفهم معناها. شاهدت بطاقتي

378 أجش: hoarse
379 جارور: drawer
380 إضبارة: file

الشخصية في الإضبارة وقام المسؤول بإخراجها ووضعها على طرف. إذن، فهذه هي إضبارتي عندهم. راح المسؤول يقلبها ويقرأ بعض الفقرات من بعض التقارير وكانت جميعها نسخ من ملفات كومبيوترية. قال المسؤول، وهو يتابع تقليب التقارير ودون أن يرفع عينيه نحوي، وبصوت رتيب ذي لكنة ريفية واضحة:

— لقد تم تنبيهك أكثر من مرة لكي تحسن سلوكك، وكما تعلم فإن هذا البلد يعاقب كل شخص لا يحترم نفسه ولا يحترم قوانين البلد. وبما أنك مستمر في الإساءة لرموز البلد فقد قررنا أن نضع حداً لها وبطريقتنا التي نجيدها وهي طريقة ناجحة ونعرف ثمارها سلفاً. كان من المفروض أن تروض[381] نفسك لتصبح مواطناً صالحاً ولكن للأسف، كنا نحترمك ونحبك لأنك كاتب موهوب ولك مستقبل (!) ولكن بسبب استهتارك[382] فلا موهبتك ولا مستقبلك أصبحا يهماننا ولذلك...

أعجبتني رتابة صوت المسؤول وطريقته في توجيه الكلام رغم أن ثقته بنفسه لا تنسجم مع صغر حجمه، حتى أنني كدت أضحك بسبب بعض تعابيره التي إن صدرت عن شخص له هيئة أخرى لكانت مقنعة، أما أن تصدر عن هذا الإنسان الصغير الذي يخاف أن أنفرد به في غرفة مكتبه فيبقي حاجبه ليحميه فقد كانت مضحكة ولا تفي بغرض تخويفي أو إهانتي. ابتسمت بالفعل وأنا أنظر مباشرة في عينيه وانتظرت حتى يكمل النتيجة التي بدأها بـ «ولذلك». سألته:

— ولذلك ماذا؟

رفع عينيه إلي ويبدو أنه كان مستغرباً لأنني لم أخف ولم أرتعد من تهديده. ترك تصفح الإضبارة ووضع ذراعيه عليها وقال:

— ولذلك؟.. أنت تسأل «ولذلك ماذا»؟

---

381 رَوض— يُروض: to train

382 استهتار: carelessness

— أكمل أرجوك.

— إذن، فأنت لا يهمك ماذا سيحصل لك؟

— كل ما أردته هو أن أعرف ماذا سيحصل لي.

— ولكنك لست خائفاً؟

— ولماذا أخاف؟

— يجب أن تخاف. قال ذلك ونظر نحو العنصر الذي كان يقف قرب الباب فاقترب هذا من الطاولة. أراد بالفعل إخافتي ولكنني نقرت الطاولة باصبعي عن قصد لأجعله يتابع الحديث معي ولأجعله يرى أنني غير خائف. سألته وأنا أخرج غليوني والولاعة.

— أجبني من فضلك، لماذا علي أن أخاف؟

فقال وهو ينهض عن مقعده ويعطي إشارة إلى عنصره:

— كل من يجلس مكانك عليه أن يخاف، وأنت لست استثناء.

استدار المسؤول وأصبح يواجه النافذة وهو يشعل سيكارة فأمسك بي العنصر بكلتا يديه وأنهضني عن الكرسي بجلافة[383] ثم راح يشدني إلى هنا وهناك دون معنى سوى إخافتي. يجرني نحو الباب ثم يعيدني قريباً من الكرسي فيجبرني على الجلوس وقبل أن أصل إلى مقعد الكرسي يرفعني من جديد وهكذا لعدة دقائق. كانت النتيجة تمزق قميصي عند إبطي الأيسر، هذا القميص المسكين الذي تبقع صباحاً بالدم وتمزق إبطه مساءً. صدم يدي اليسرى المعلقة على رقبتي فآلمتني بشدة. أمسكت به أريد دفعه عني إلا أن المسؤول استدار وعاد للجلوس فأجلسني العنصر. جعلت أنظر إلى

383 جلافة: boorishness, rudeness

العنصر فقد كان، للغرابة، يلهث بسبب الجهد الذي بذله في حين كانت خسائري لا تتجاوز تمزق القميص وألم في اليد اليسرى سرعان ما زال. كنت أعرف بأن المسؤول ينظر إلي فابتسمت للعنصر أسخر منه ثم استدرت إلى المسؤول. عندما شاهد ابتسامتي أُستفزَّ بطريقة ظاهرة غير مفيدة بالنسبة له فمد يده إلى طرف الطاولة وضغط على شيء معين، وأعتقد أنه كان جرساً كهربائياً، وهو يمجُّ[384] من سيكارته بقوة. كان غاضباً لأنني لم أخف فكسبت الجولة إلا أنه لم تمر ثوانٍ حتى انفتح الباب الآخر بصخب ودخل الإثنان اللذان شاهدتهما يسحبان الرجل المصفرّ. صاروا ثلاثة عناصر. أشار إليهم المسؤول ليأخذوني فهجموا علي وأمسكوا بي في وقت واحد (وتصور أيها القارئ كيف يمكن لثلاثة أن يمسكوا بشخص في وقت واحد ويده اليسرى معلقة برقبته) ثم جروني (أو حملوني) إلى خارج الغرفة ولم أجد نفسي إلا وهم ينزلون بي الدرج. كانوا يتلفظون بكلمات قصيرة وبطريقة وحشية ويمسكون بي بطريقة مؤلمة. ولأنني لم أكن أبذل جهداً على الإطلاق فقد اضطر أحدهم ليتأبط ساقي من الخلف ويلحق بنا. استمروا في النزول بعد أن وصلنا إلى الطابق الأرضي فعرفت أنهم يقودونني إلى القبو، أي إلى الاحتجاز[385]. انفتح باب حديدي فاجتازوه فصرنا في ممر عريض اصطفت على جانبيه أبواب الزنزانات ثم كانت هناك زنزانة[386] كان أحد الحراس قد فتح بابها ووقف يمسك به فوصلنا اليها فتوقفوا ثم دفعوني إلى الداخل ثم انغلق الباب الحديدي بضجيج مريع.

نهضت ثم رحت أنفض الغبار عن بنطالي رغم أنني لم أكن أميز شيئاً بسبب الظلام الدامس، ولكنني توقعت أن تكون ساقاه في أسوأ حال ثم أعدت شد قميصي تحت البنطال واضطررت إلى فك الحزام والأزرار ثم أعدت حزمه وحاولت أن أميز جدران

384 مَجَّ— يُمجُ: to spit out

385 احتجاز: holding cell, jail

386 زنزانة: cell

الزنزانة دون جدوى فقد كان الظلام ظلاماً حقيقياً. عم السكون خارج الزنزانة ولم أعد

أسمع أي صوت أو طرقة أو وقع أقدام بعد أن صعد العناصر إلى الأعلى فهزتني رعشة

ولكنها كانت رعشة[387] الروعة فقد كان الصمت شهياً والعتمة مرغوبة وبرودة الزنزانة

مريحة بعد نهار كامل عانيت خلاله الكثير من الصخب والحر.

✳ ✳ ✳

---

387   رعشة: tremble

(27)

كانت هذه أول مرة أسجن فيها، حتى أنني لم أعاقب ولا مرة واحدة أثناء الخدمة الإلزامية. قست طول الزنزانة وعرضها بواسطة خطواتي فوجدتها ثلاثاً بست خطوات ثم جلست مستنداً على الجدار أتمتع بالسكون وأعيد تثبيت الرباط حول يدي. مرت مدة أعتقد أنها كانت عشرين دقيقة حاولت خلالها أن أعرف إن كنت سعيداً حقاً أم أنني كنت أوحي لنفسي بأنني كذلك، فاستنتجت أنني كنت مرتاحاً حتى أنني ضحكت فقد داعب الهدوء داخلي ولم أكن أتأسف على شيء سوى على الموعد مع الرفيق راشد في مطعم «أبو نواس» الذي سيفوتني، أما لمى فقد كنت أعلم أنها ستكتشف غداً ما جرى لي والشوق إليها سيزداد وسأحبها أكثر، وحين أخرج سوف نعوض مافاتنا من الحنان. أما

عرس أمي فقد يكون احتجازي حجة مقنعة للتهرب من الحضور.

ما إن مرت تلك المدة التي قدرتها بعشرين دقيقة حتى سمعت ضجيجاً مماثلاً للضجيج الذي أحدثه العناصر حين نزلوا بي إلى القبو وهم يحملونني وسمعت شتائمهم وبصاقهم ثم انسحب قفل زنزانتي محدثاً صوتاً حاداً ومزعجاً لينفتح الباب من جديد فيتسلل ضوء المصباح الكهربائي إلى الزنزانة ويدخل معه العناصر الثلاثة أنفسهم، فيهرعون إلي ويمسكون بي وينهضونني ثم يخرجون بي وهم يصرخون ويشتمون، وصعدوا بي إلى الأعلى وبالتحديد إلى غرفة المسؤول. حين دخلوا بي إلى الغرفة كانوا يحملونني لأنني لم أكن أبذل أي جهد كما قلت وكنت أضحك لما كان يجري. أجلسوني على الكرسي وكان المسؤول يدخن سيكارة وهو يقف على النافذة ثم خرج الإثنان وبقي المرافق. كنت أضحك دون صوت. كل ما هنالك أنني كنت أهتز بفعل الضحك. وعندما

نظرت إلى العنصر الذي وقف إلى جانب الباب وجدته يهددني بعينيه ويكز[388] على أسنانه فانفجرت في الضحك بصوت عال هذه المرة فاستدار المسؤول متفاجئاً ليجدني وأنا أتلوى من الضحك فبدأ يصرخ ويهددني وضرب الطاولة بقبضته بقوة. لم يجلس بل ظل واقفاً محمر الوجه وراح يصرخ:

— تضحك؟ اسكت وإلا ربيناك.. اسكت يا.. إن أعدتك إلى الأسفل فلن تخرج منه أبداً.. تريد أن توهمني بأنك لست خائفاً؟.. سوف أجعلك تقبّل سبّاطي[389].. لا تهمني ولا يهمني أنك شخص معروف فأنا الرقيب نوري.

توقفت عن الضحك وقمت بمسح دموع الضحك بكم قميصي. كنت مستمراً بالتأوه بسبب الضحك حين جلس وسحق سيكارته في المنفضة وأشعل غيرها. قال وهو ينفث الدخان من فمه بطريقة كريهة:

— اسمع ولك.. أنت تعتقد أننا إذا اعتقلناك سوف تقوم الدنيا ولن تقعد بسببك.. وأن الـ «البي بي سي» سوف تذيع الخبر. اسمع، لا تهمنا الإمبريالية الأمريكية التي تشد ظهرك بها.. مفهوم؟

لقد أخطأ هذا الإنسان الصغير عدة أخطاء وكشف نفسه. أصبح واضحاً هو وتصرفاته بالنسبة إلي، فهو يريدني أن أخاف وقام بالتصريح بذلك، وقام باستعراض للعضلات بواسطة عناصره وإذا كان حقاً يريد احتجازي كان عليه أن يبقيني إلى الغد على الأقل، ثم أن ماقاله لي نوح في مبنى الحزب عن أنهم يريدونني معهم جعلني أفهم أن كل ما يقومون به الآن عبارة عن مقدمة قبل أن يعرضوا علي المغريات[390]، أما الخطأ الأخير الذي ارتكبه هذا الشخص فهو أنه رجل ضئيل الحجم يحاول أن يبدو أعظم شأناً.

---

388 كزّ—يكزّ: to clench his teeth

389 سَبّاط: shoe

390 مغريات: enticing offers

كل ذلك وأمور أخرى خاصة الراحة التي شعرت بها في الزنزانة جعلتني حين انتهيت من مسح دموعي أرفع نفسي واستند على الطاولة وانحني عليه وأرسم له بشفتي تلك الكلمة التي وجهتها لزوج لمى والتي جرجروني[391] بسببها إلى أجهزة الأمن. فعلت ذلك قبل أن ينتبه العنصر فيسرع إلي فيمسكني ثم يضغطني بقوة إلى الأسفل ليجعلني أسقط على كرسيي.

كانت المفاجأة عظيمة على المسؤول، فهو لم يتوقع أن أوجه له كلمة مهينة مثل هذه ولم يكن قد جهز نفسه لأنه لم يكن يتوقع أن استهتر به إلى هذا الحد. وجد نفسه في ورطة حقيقية فنهض وقال إنه سيربيني في الحال ثم خرج. أصلحت جلستي ثم أخرجت غليوني وأشعلته. نظرت إلى العنصر فوجدته ينظر إلي باستمرار كعادته فطلبت منه ان يحول عينيه بعيداً عني ففعل.

كان أمامي احتمالان، إما أنهم سيعيدونني إلى الزنزانة، وكنت سعيداً وراغباً بذلك حقاً، لما للصمت الذي وجدته فيها من طغيان[392] قوي علي، وإما سيتركونني أذهب إلى البيت وبالتالي سأستعيد حريتي وسأكون حراً في البحث عن الهدوء في المكان الذي أحب وهو بالتأكيد بيت لمى. سكون الزنزانة هو الذي جعلني غير آبه لما سيفعله بي الرقيب نوري.

فتح الباب بهدوء وأطل عنصر لم أكن قد رأيته من قبل. أشار إلى العنصر المرافق للرقيب نوري فخرجا دون أن يغلقا الباب تماماً. سمعت كيف أنهما كانا يتهامسان دون أن أميز كلمة واحدة من حديثهما ثم عادا ودخلا الغرفة فاقترب مني الرجل الثاني، بينما ظل المرافق مكانه قرب الباب وقد تغير شكل وجهه، وطلب مني بطريقة لطيفة أن

391 جرجر— يجرجر: to drag
392 طغيان: hold

أتبعه لمقابلة الضابط المناوب[393]. نهضت وأردت أن أتبعه إلا أنه طلب مني أن أخرج

أولاً، وهذه طريقة محلية للتعبير عن التقدير والاحترام، فسرت إلى خارج الغرفة ثم

توقفت لأدعه يسير في المقدمة ليدلني على الطريق. صعدنا إلى الطابق العلوي وأنا أجد

كل شيء طبيعياً، فهم الآن سيبدأون بطرح المغريات وسيقول لي الضابط المناوب بأنه

لم يكن يعلم بأنني كنت هنا وعندما علم قام بالتدخل فوراً فأنا كاتب محترم وعلي أن

أتأكد من أنهم هم أيضاً محترمون.

***

---

393   مناوب: on call

(28)

توقف العنصر أمام باب كتب عليه: «الضابط المناوب» وكان محروساً من قبل شخص ضخم فتح لنا الباب فوراً لكي ندخل وهو يشيعني[394] بنظرة غير مفهومة. أدخلني العنصر أولاً ثم تبعني فأصبحنا في غرفة ملحقة لمكتب الضابط المناوب وكانت مفروشة كما تفرش غرف المعيشة في منازل الطبقة الوسطى. جعلني أنتظر للحظة لكي ينبئ من في الداخل بأنني هنا ثم استدار إلي وأشار إلي بفخامة أن أتفضل بالدخول. اجتزت الباب المفتوح الذي يفصل بين الغرفة والمكتب، وما إن أصبحت في الداخل حتى توقفت (أو تجمدت) بفعل المفاجأة، كان السيد هائل الذي يخطط لكي يصبح زوج أمي خلف طاولة المكتب بينما جلس شخصان آخران يبدوان كضابطي أمن كبيرين. نهض السيد هائل وخرج من خلف الطاولة الفخمة واقترب مني وهو يبتسم فاتحاً لي يديه. نهض أيضاً الرجلان إكراماً له طبعاً.

كل شيء كان فخماً في هذا المكتب، فبالإضافة إلى الطاولة كان الفرش والمكتبة والأجهزة الألكترونية والستائر والدهان والثريات[395] على أكمل وجه ويدل على ذوق رفيع ولطافة عالية. كانت أيضاً وجوه الرجال الثلاثة وثيابهم لطيفة وأنيقة. كانوا أصحاء وحليقي الذقون، تفوح منهم روائح العطور النفيسة، ويضعون ربطات عنق حريرية بينما زاد السيد هائل على ذلك بأن وضع منديلاً بلون ربطة عنقه في جيب سترته العلوي.

عانقني وطبع على خديّ ثلاث قبلات ثم أمسك يدي وراح يصافحني وهو يتلفظ بكلمات الترحيب ثم سحبني ليقدمني للرجلين:

394 شَيع—يشيعُ: to follow
395 الثريات: chandeliers

— تعرف أستاذ فتحي على العقيد (..) والمقدم (..)

جرى التعارف على أكمل وجه ثم دعاني لأحتل مقعداً وثيراً قريباً من الطاولة، وكدت أجلس لولا أن الرجلين اعتذرا وقالا إن عليهما الذهاب لمتابعة بعض الأمور (كان الأمر مرتباً سلفاً) فعدنا إلى المصافحة وتبادل الابتسامات من جديد وتمنيا أن نعود لنلتقي ثم خرجا. وما إن جلسنا حتى راح السيد هائل يعبر عن سعادته بتعارفنا، وقال إنه كان يتطلع للقاء منذ مدة طويلة وهو كان قرأ جميع كتبي وكان يتابع برنامجي التلفزيوني وأشياء أخرى من هذا القبيل. كانت أناقته أكثر مما كنت أتصور وكان يضع خاتماً ذهبياً في خُنصر[396] يده اليمنى التي كان يلوح بها باستمرار حين يتكلم، كما أن ياقة قميصه كانت مُنشاة[397] بطريقة بارعة أما عقدة ربطة العنق فقد كانت سليمة وعلى آخر موضة. كل شيء كان يشي بالعظمة وبالثقة العالية بالنفس، إلا أن منبته الريفي كان يشوش الصورة التي يحاول جاهداً أن يظهر عليها، وهذا في النهاية ليس شيئاً مهماً.

أشعل سيكاره الفاخر بولاعة ذهبية ثم قال:

— كيف حال الوالدة رتيبة خانم؟

— على أحسن ما يرام.

— هاتفتها قبل قليل فأخبرتني بأنها تحدثت معك.

— نعم، فقد حدثتني بشيء عنكما.

— أرجو أن تكون موافقاً.

— تريد موافقتي؟

— بالطبع، فأنت ابنها البِكر[398] والوحيد وموافقتك ستسعدني حقاً.

---

396 خُنصر: pinkie
397 مُنشاة: starched
398 بِكر: first born

كان يتحدث بشكل طبيعي وكأننا نتواجد في هذه اللحظة في بيت العروس وليس في جهاز الأمن. بصراحة، فقد كرهته ووجدت أن كل هذا الذي كان يجري بلا أدنى معنى. لن أستبق [399] الأمور بالحديث عن مشاعري وأفكاري في تلك اللحظة بل سأسجل هنا الحوار الذي جرى بيننا. سألته:

— سيد هائل، ألم تجد طريقة أفضل من هذه لنتعارف؟

— كنت أتمنى أن نتعارف في ظروف أفضل.

— ولكن يبدو لي أنك رتبت الأمور لتحدث كما حدثت. قل لي الحقيقة من فضلك، ماذا تريد مني أكثر من أمي؟

ابتسم لأنني كنت أعرف نواياه وراح يمص سيكاره وينفث دخانه لكسب الوقت من أجل إيجاد جواب مقنع. كان يتوقع مني أن أشكره لأنه خلصني من براثن الرقيب نوري. تساءلت، كيف يفكر هؤلاء الناس؟ لماذا قرر إذلالي [400] قبل المقابلة؟ أعتقد أنه وجه الأمور بهذا الشكل بعد أن سمع باسمي من دورية الأمن التي أوقفتني بعيد نزولي من بيت أمي فطلب من الدورية أن يبلغوني بضرورة حضوري إلى هنا ثم أنه وجه الرفاق في مبنى الحزب بأن يرسلوا بطاقتي الشخصية إلى هنا. خرج من خلف الطاولة ووقف قبالتي. قال:

— ماذا أريد منك أكثر من والدتك؟ أريد أن نصبح أصدقاء.

— أنتم أيها الأمنيون غريبو الأطوار. كان بالإمكان أن نلتقي في بيت والدتي ونتعارف وتعرض علي صداقتك، ولكنك لا تستطيع أن تخرج من عالمك الأمني. أنت تريد أن تعتقل الناس لتفرض عليهم صداقتك بشروطك. لا أعرف شروطك، قل لي من فضلك ما هي شروطك. عن أي صداقة تتحدث.

---

399 استبق— يستبق: to be rash
400 إذلال: humiliation

— لو كنت شخصاً آخر وتفوهت بهذه الكلمات لاعتقلتك إلى ما شاء الله.

— ليكن ذلك، ولكن أجبني من فضلك.

— شروطي هي أن تتخلى عن مشاكساتك[401]، فأنت الآن قريبي ولا أريد أن أتأذى بتصرفاتك.

— كيف سمحت لنفسك بالتفكير بالزواج من أم شخص مشاكس؟

— سمحت لنفسي لأنك ستتوقف عن مشاكساتك وستصبح مرضياً[402] عنك.

— إذاً، فأنت واثق من ذلك؟

— نعم، فأنت شخص طيب وابن عائلة.

جلس على المقعد المقابل لمقعدي ووضع ساقاً على فخذه فأصبح نعل حذائه يواجه المدخل. لقد ازداد وزنه منذ أن ترك بلدته وبهذه الجلسة أصبح أقرب إلى رجل السلطة. لاحظت أنه يرتدي جورباً بلون غير ملائم فظهرت ريفيته. لاحظ أنني كشفته فأنزل ساقه فاختفى الجورب تحت الطاولة بين صفي المقاعد.

— لقد جعلتني أرى ماذا سيحصل بي في حال لم أتوقف عن مشاكساتي بعد أن أصبح قريبك ، أليس كذلك؟ سألته فقال:

— أنت كاتب ذكي.

— أما إذا توقفت وأصبحت طيب القلب وقريباً مثالياً لك فما الذي سيحصل؟

— سوف نكافئك. انظر، إنني بحاجة إليك.

— كيف؟

— سوف أجعلك تدير إحدى مؤسساتنا الإعلامية. هيا، فكر بالأمر. لماذا عليك أن

401 مشاكسة: opposition
402 مرضياً: blessed

تصمت لأنك تحب المشاكسة في حين يمكنك أن تصبح واحداً منا وبالتالي تعود للكتابة.

— لأنني مثقف[403].

— تريد أن تقول إن المثقف مشاكس بطبعه؟

— أنت تسمي الأشياء بغير مسمياتها، فأنا لست مشاكساً. كل ما هنالك إنني لا أحب ما يجري.

— لاتحب؟ هذا كلام فارغ. إن مايجري هو سنة الكون. تعال معي إلى السلطة وستحبنا وتحب ما يجري على أكمل وجه. سوف تنشر كتباً جديدة وستقبض أموالاً جيدة. تمتع بحياتك يارجل!

— تريد أن تشتريني لأجُمّل[404] أفعالكم.

— كلام مثقفين.

— أنت تخيرني إذن بين صمت السجن وبين ضجيج السلطة.

— أخاف عليك من صمت القبر.

قال هذا ورفع وجهه باتجاه السقف وراح يمج من سيكاره. بقي على وضعيته تلك فترة وأنا أنظر إليه دون أن أجد ما أواجهه به، فقد لفظ كلمة القبر بطريقة خاصة أقرب إلى التهديد. شعرت أن الصمت المشتهى هو واحد سواء كان في السجن أم في القبر. خفت أن أتفوه بأي كلمة فيحسبني ضعفت أو أكتشف في نفسي أي ضعف. عاد لينظر إلي وكانت هناك بسمة رسمها على فمه بشكل مفتعل. قال وهو يسدد إلي نظرة مهددة بينما كان يضع في صوته نبرة من يكشف سراً:

— اسمع أستاذ فتحي، سوف أكون صريحاً معك وعليك أن تدرس الأمر، الليلة في

403 مثقَّف: intellectual

404 جَمَّلَ — يجَمِّل: to beautify

البيت، بشكل دقيق. الزعيم يريدك. إنه لا يحبك أن تغرد خارج السرب ولا أن تكون صامتاً. إنه يحتاجك وعندما قابلت والدتك الست رتيبة وجدت الأمر مناسباً لأجعلك قريبي وبالتالي أن أدعوك للعمل معنا. لقد توفي قبل شهر، كما تعلم، «الدكتور ق» وقد فرغ مكانه ولايوجد أحد يمكنه ملء المكان سواك. سوف نتزوج أنا وأمك يوم الأربعاء، والزعيم نفسه سوف يكون شاهداً على عقد القران. سوف تقابله في حفل الزفاف وسوف يتحدث معك ويطلب منك أن تذهب لمقابلته في القصر، وهناك سوف يعينك في منصب «الدكتور ق».

— وإن رفضت كل هذا؟

ترك نبرة كشف الأسرار وأبقى على نظرة التهديد:

— لا تتسرع، فأنت أمام خيارين لا ثالث لهما. ضجيج السلطة كما عبرت بنفسك أو الصمت، وأنت تعلم ما أقصد بكلمة الصمت.

— ولكنني أعيش في الوقت الحاضر بصمت.

— نحن أمام مرحلة جديدة، ولا تنس أمك.

— لماذا أدخلتموها في الموضوع؟

قال بخبث كريه يريد أن يشدد ضربته:

— نحن نحب بعضنا بعضا وقد أصبحتْ جزءاً من الخَيارين[405].

— لم أفهم ما تقصد.

— سوف تفهم. اسمع، كما قلت لك، إما أن تعمل معنا أو الصمت المطبق.. إما سأتزوج أمك أو سأنكحها وأنت تعرف الفارق بين أن أتزوجها أو «أنكح[406] أمك».

405 خَيار— خَياران/خَيارين: choice
406 نكح— ينكح: to fuck

ارتددت إلى الخلف وصرت أنظر إلى السقف، أنا هذه المرّة.

اللعين!. هذه هي اللعبة إذن. كان قلبي ينبض بعنف وكنت أشعر بالاختناق وبالحاجة إلى هواء نظيف غير ملوث بأنفاسه. خفت أن تدمع عيناي فأغمضتهما. قررت أن أهرب من هذا المكان. أن أهرب إلى مكان هادئ وساكن لكي أبكي. فتحت عيني فوجدته وقد نهض وهو يمد لي بطاقتي الشخصية. قال:

— يستحسن أن تعود إلى المنزل. هذه هي بطاقتك الشخصية، وهذه بطاقتي إن أردت أن تهاتفني لأسمع جوابك. أريده غداً مساءً.

التقطت البطاقتين ثم نهضت. استدرت مبتعداً فوراً لكي أوفر على نفسي مصافحته ثم خرجت.

(29)

ابتعدت عن مبنى جهاز الأمن سيراً على الأقدام فلم أكن أرغب في ركوب سيارة أجرة فأنا حتى لا أعرف الى أين أذهب بعد كل هذا الذي سمعته من السيد هائل. كنت في حيرة[407] من أمري ولكنني لاحظت أنني لا أستطيع التفكير. كان عقلي معطلاً ولم يكن يوجد أي شيء في رأسي سوى الفراغ. كنت أهرب من التفكير في الخيارين اللذين وضعهما أمامي السيد هائل فكل واحد منهما يؤدي إلى الأسوأ. إما.. وإما. ليس هناك حل وسط. لماذا لايتركونني أعيش في عزلتي وصمتي؟ بماذا يؤذيهم صمتي؟ قال لي إما صخب السلطة أو صمت القبر. القبر مكان هادئ وساكن وكنت سأفضله لو لم يقصد به السيد هائل شيئاً آخر. لقد رتب الأمور بطريقة لئيمة[408] حين أدخل أمي في خطته.

وجدت نفسي بجانب العمارة التي تسكن فيها سميرة. كان نور غرفة المعيشة مضاءً فقررت الصعود إليها رغم أن الوقت كان متأخراً فقد كانت الساعة قد تجاوزت الثانية عشرة، اما بالنسبة للموعد مع ذلك الرفيق في مطعم «أبو نواس» فلم أعد متحمساً له بعد أن تكشفت لي الأمور، فالسيد هائل كان صريحاً بشكل تام.

سميرة هي التي فتحت لي الباب بعد أن شاهدتني في العين السحرية. استغربت مجيئي في هذا الوقت فأنا قلما أزورها.

— فتحي؟.. ماذا جرى لأمي؟ سألتني وهي تمسك صدرها من الرعب وتنظر إلى يدي المعلقة.

— اطمئني، كنت ماراً بجانب عمارتكم فشاهدت نور غرفة المعيشة مضاءً فسمحت لنفسي بالصعود قليلاً.

---

407 حيرة: bewilderment
408 لئيمة: wicked

عندما اطمأنت من تعابير وجهي أكثر من كلامي دعتني للدخول وقادتني إلى غرفة المعيشة. كانت فيما يبدو سهرانة تتابع فيلماً على الفيديو. أطفأته في الحال ثم جاءت لتجلس بجانبي. سألتها بصوت خافت:

— أين زوجك؟ فقالت:

— إنه نائم، هل تريدني أن أوقظه؟

— لا، الحمد لله لأنه نائم. أريد التكلم معك بخصوص ماما ولا أريده أن يستمع إلى حديثنا.

— ماذا بها ماما؟

— أنت تعلمين بأنها ستتزوج يوم الأربعاء.. أي بعد غد.

ابتسمت ثم انحنت وراحت ترتب طاولة منتصف الغرفة. زواج أمي أمر لطيف لو لم يكن الأمر مرتباً كما بدا لي من كلام السيد هائل.

— نعم، أعرف. هل أنت ضد الفكرة؟

— هي حرة. أنا أعتقد أنها حرة في هذا الأمر.

صمتت برهة فأنا لم أكن واثقاً مما كنت أريد قوله لسميرة. سألتني لأنها اكتشفتني أخفي شيئاً:

— ولكن ما الأمر؟ لماذا أراك قلقاً؟

راح ذهني يصفو وبدأت أعي بداية الطريق الذي كان علي أن أسلكه في هذه المتاهة[409]:

— هل كان لديها الوقت للتفكير بشكل كافٍ في هذا الزواج؟

— لقد تم كل شيء على عجل.

409 متاهة: maze

— متى عرفتِ بالأمر؟

— منذ يومين. كنت في زيارة إليها فأخبرتني. كانت قلقة حولك فهي تعرف أنهم

لا يحبونك وأنت لا تحبهم، ثم اتصلت بي بالأمس بالهاتف لتخبرني بأن هذا الزواج

سيكون في صالح فتحي، أي في صالحك. سألتها كيف ذلك فأخبرتني بأن السيد هائل

مهتم بأخبارك.

هززت رأسي وكأنني أوافقها ولكنني كنت أبحث في ذهني عن الطريقة المناسبة

لأشرح لها قلقي. قلت:

— إنه لا يحبها. فسألتني مَنْ فقلت لها السيد هائل فقالت:

— ومن هذا الغبي الذي يعتقد أنه وقع في غرامها. حتى هي غير مقتنعة بذلك.

كل مافي الأمر أن السيد هائل يريد الزواج من امرأة مناسبة بعد أن ترفع في الدولة

وأصبح شخصية عامة مهمة. أمي أيضاً تحب أن يكون لها زوج بعد المرحوم أبيك، ثم

أضافت وهي تضحك، إنها تشعر بنفسها شابة وفي سن الزواج.

لم أضحك ولم ابتسم ولكنني قلت لها نصف الحقيقة:

— إنه مهتم بي، يريدني أن أعمل معهم، أي أن أعمل مع السلطة.

ضحكت سميرة وصفقت كفاً بكف وقالت تهزأ مني:

— أنت شخص لطيف يا فتحي، وماذا في ذلك؟ يريدون أن يصلحوها معك. سوف

يصبح السيد هائل صهرنا وأنت بالتحديد بمثابة ابنه.. هيا يا رجل، كن واقعياً.

— تريدينني أن أتعاون معهم؟

— ولم لا؟

— ألا تخافين على سمعتي؟

— أي سمعة؟ وهل تعتقد أن السيد هائل قَواد[410]؟ إنه رجل سلطة وكل الناس يتوددون إليه. مم أنت خائف؟

— من احترام الناس.

— ومن يهتم؟

— يريدونني أن أنظف تحتهم.

— وماذا في ذلك. إن لم تكن أنت فسيكون غيرك. انظر إلى «الدكتور ق» ألم يكن الناس يحسدونه على موقعه قبل أن يموت؟ أما عندما مات فقد جرت له جنازة شاهنشاهية[411] وقرروا إطلاق اسمه على المكتبة القومية.

— يريدونني أن احتل موقعه.

جمعت يديها على صدرها من التأثر ثم نهضت وقبلتني:

— أنت مجنون. مجنون حقيقي. كان عليك أن تأتيني لتبشرني بهذا الخبر لا أن تجلس لتخبرني كمن نزلت عليه مصيبة.

— أنا لست انتهازياً[412] ولا أحب الانتهازيين.

— قل لي من هو اللاانتهازي برأيك؟ كن واقعياً. الدنيا تغيرت يا أخي يافتحي. كل الناس يحاولون التقرب من رجال الزعيم. أنت الآن صامت وجائع. انظر إلي، (خفضت صوتها وتطلعت إلى مدخل الغرفة) عليك أن تتأقلم مع الحال كما أفعل أنا. لقد تزوجت بأغبى رجل في المدينة. حاولت أن أجعله ذكياً فلم أفلح ومن أجل أن أعيش بسلام رحت أمثل بأنني أغبى منه، أو على الأقل غبية مثله.

— سوف أسقط في عيون أقرب الناس إلي.

410 قواد: pimp
411 شاهنشاهية: royal
412 انتهازي: Machiavellian

– تقصد لمى؟ انها مجنونة مثلك، ثم، ألم يحن الوقت لتبحث لك عن زوجة أجمل منها؟

– أحبها وتحبني.

– عظيم، إن كانت تحبك فعليها أن تنظر في صالحك. هل أقول لك رأيي في كلمتين؟

هززت لها رأسي لتقول رغم أنني بدأت أضجر فقالت:

– افعل مثلي. كن غبياً بين الأغبياء.

– انهم ليسوا أغبياء رغم أنني أفهم قصدك.

– ألا ترى إلى ما يحدث؟ كل الناس يخرجون إلى الشارع ليسيروا في مسيرات تافهة. يصرخون بالهتافات وهم سعداء. «إذا جَنَّ رَبعَك[413]، عقلك ما عاد ينفعك». هيا، حان الوقت لتخرج في المسيرات وتهتف للزعيم وإلا داسوك بأحذيتهم.

– لا أطيق الصخب.

– بإمكانك الخروج في المسيرات وأنت صامت. أيضاً يمكنك وضع القطن في أذنيك.. ثم، هل سمعت آخر نكتة؟

أنهت حديثها بنكتة طريفة فابتسمت إكراماً لها ونهضت لأرحل إلا أنها لم تتركني أذهب قبل أن تطعمني. انتقلنا إلى المطبخ وهناك احتفت بي بطريقتها الفكاهية فقد راحت تسخن الأطعمة وتضعها على الطاولة أمامي وهي تلقي علي النكات الواحدة بعد الأخرى لتفتح شهيتي. شربنا الشاي وهي تحكي لي آخر طرائف زوجها، فقد اشتكى لأحدهم من أنه تزوج امرأة ساذجة وأنه كان يستحق زوجة أكثر ذكاءً.

---

413 رَبع: tribe

كنا نضحك بصوت عال، ولكيلا[414] يتسبب صوت ضحكنا بإيقاظ زوجها قامت وأغلقت باب المطبخ. كنا نشرب الشاي ونضحك لنكاتها التي لا تنتهي. لقد سرقتني سميرة من همومي وجعلتني أضحك وفجأة انفتح الباب وأطل صهري[415] وهو يرسم علامات الدهشة على وجهه الغبي. سلمت عليه ثم أسرعت نحو الباب فقد كان الوقت متأخراً. حاول إبقائي لفترة أخرى إلا أنني اعتذرت وخرجت.

***

414 لكيلا: so that

415 صهر= زوج الأخت: brother-in-law

(30)

أخذت سيارة أجرة وأعطيت السائق عنوان شقتي. في منتصف الطريق طلبت منه أن يتحول إلى عنوان لمى. كانت الساعة قد تجاوزت الثانية والنصف حين فتحت لي الباب. كانت نائمة فشعرت بالحرج إلا أنها أكدت لي بأنها كانت تنتظرني فغفت[416] على الكنبة. كنت قد قررت ألا احدثها عن الموضوع حتى الصباح لأنني كنت متعباً وأتمنى أن أحضنها وأنام، إلا أنها ألحت علي لكي أخبرها بما حصل معي وخاصة ما حصل ليدي.

بعد أن صرنا في السرير وبتأثير دفئها ورائحة بشرتها الحلوة، وبتأثير الهدوء المخيم في الشقة والبناية والمدينة حكيت لها كل شيء. حكيت لها كل ما جرى معي اليوم. في منتصف الكلام حررت نفسها من ذراعي وتربعت على السرير أمامي. كانت تريد رؤيتي وأنا أتكلم. سألتني:

— وماذا قررت أن تفعل؟

— لا أعرف.. إنني في حيرة من أمري. أريد أن أعرف رأيك، هل استجيب لطلب السيد هائل أم أرفض. وإذا رفضت، ماذا سيحصل لأمي؟ ماذا سيحصل لنا؟ أضفت، كنت سأذهب إلى شقتي لأبيت فيها الليلة من شدة الإرهاق ولكنني فضلت أن آتي إلى هنا فأنا في حاجة إلى التفكير بصوت عالٍ.

صمتنا لمدة طويلة. بالنسبة لي كنت أنتظر ردها أما بالنسبة لها فقد كانت تنتظرني لأكمل حديثي. استهوتني السكينة[417] فتمنيت لو نبقى صامتين حتى الصباح إلا أن الصمت كان قد أرهقها فسألتني سؤالاً تعرف جوابه بشكل تام:

— وماذا كان يفعل «الدكتور ق»؟

---

416 غفا— يغفو: to fall asleep

417 السكينة: serenity

— كان يقنع الناس بأن كل شيء على مايرام. ينظم القصائد التي تمجد الزعيم ويكتب الروايات البطولية. كان يدير الآلة الإعلامية الهائلة التي تجعل الناس يعتقدون بأن الأسود أبيض والأبيض أسود. كان يجعل أكوام الزبالة تختفي تحت مرج مزعوم[418] من الزهور.

شاهدت عينيها تدمعان وعوضاً عن أن تقول لي ماذا علي أن أفعل سألتني وهي تبكي:

— قل لي أرجوك، ماذا ستفعل؟

نهضت إليها واحتضنتها. رحت أقبل عينيها لأشرب دمعها بينما كنت أهمس لها: هذا ما سأفعله.

تعلقت بي أكثر وهي تنشج بينما كان جسدها المتعرق ينتفض. صرت أقبلها بجنون، فالحب كان دائماً ملاذي وملاذها.

في تلك الليلة رأيت، في ما يرى النائم، حلماً غريباً. رأيت عناصر الأمن قد جاؤوا واصطحبونا أنا ولمى وقادونا إلى أحد الفنادق الراقية وحبسونا في إحدى الغرف. وفجأة تحول الجدار إلى نافذة بعرض الحائط، كنا نرى خلالها ما كان يجري في الغرفة الأخرى دون أن يرونا. دخلت أمي بثياب الزفاف وبيدها باقة ورد بينما كانت تشبك باليد الأخرى ذراع السيد هائل وكان يظهر عليهما أنهما قادمان من حفلة الزفاف. نظر السيد هائل إلى النافذة وأشار إلي لكي أرى ما سيفعله ثم راح يمزق ثياب أمي، بعد ذلك رماها بعنف على السرير وراح يغتصبها[419]. أمسكت بكرسي وأردت تحطيم الزجاج لكي أذهب وأنقذها من براثن[420] هذا الوحش إلا أن لمى أمسكت بي ومنعتني ثم أشارت إلى أمي.

---

418 مزعوم: pretend

419 اغتصب— يغتصب: to rape

420 براثن: claws

كانت تتمتع بما كان يجري لها، حتى أنها صرخت من المتعة. نهض عنها السيد

هائل مستغرباً وصار ينظر إليها وإلى النافذة وقد أزعجه رد فعل أمي. نهضت عن

السرير وصارت ترجوه ليعود إليه إلا أنه أبعدها عنه بلؤم ثم اقترب من النافذة وجعل

يهددنا بقبضته. كان غاضباً من انقلاب خطته وفشلها. اقتربت منه أمي وصارت تشده

ليعود إليها إلا أنه دفعها مرة ثانية ثم خرج من الغرفة وهو يشتم بينما راحت أمي

تلحق به ممزقة الثياب ترجوه ليعود.

رأيت في الحلم أيضاً أننا صرنا، أنا ولمى، نضحك حتى سقطنا على السرير.

حلب 2003

PART TWO

الجزء الثاني

EXERCISES

تمرينات

الوحدة الأولى: الفصول (1-5)

الفصل الأول

أسئلة الفهم

١- ما علاقة الحرارة والصخب القادمين من النافذة ببعضهما البعض؟

٢- من هي لمى؟ لماذا تذكّرها الآن؟

٣- ماذا تفعلون حين يزعجكم الضجيج في الصباح؟

٤- ما الذي يمنع فتحي من التفكير والقراءة والكتابة؟

٥- اكتبوا فقرة تشرحون بها كيفيّة تخلّصكم من الضجيج والحرّ.

قراءة دقيقة + مناقشة

١- ناقش/ي معنى العبارات التالية في سياق القصّة

أ. «مكبر الصوت يرفع صوتاً لعيناً يلقي شعراً حماسياً غير مفهوم ثم يتوقف ليعطي بعض التعليمات. كانت معاني الكلمات تضيع لأن مكبر صوت آخر يضج بأغانٍ حماسيةٍ.»

ب. «كان تلاميذ المدارس يرددون كلمة 'عاش.. عاش'.»

٣- اكتب/ي مقالة تتحدث/ي فيها عن دور الشعر والأغاني الحماسية في المظاهرات في العالم العربي وقارنها/قارنيها بالمظاهرات في بلادكم.

الفصل الثاني

أسئلة الفهم

١- من الذي يمنع فتحي من متعة الإنجاز؟ لماذا لا يفعل شيئاً؟

٢- يقارن فتحي لحن الآلات الموسيقية بالصوت، وضبطها إلى الضجيج. ما علاقة ذلك بصوت الضجيج الذي يسمعه من الجماهير خارج نافذته؟

٣- تحدث فتحي عن حلم أزعجه في هذا الجزء. اكتب/ي مقطعاً تصف/ي فيه حلماً أزعجك وحاول/ي أن تفسّر/ي هذا الحلم.

قراءة دقيقة + مناقشة

أ. «الفعل أصبح في الماضي أما الحاضر فقد تحول إلى حالة من الاكتئاب.»
اكتب/ي مقالة تتصوّر/ي فيها أنك معالج نفسي تحاول أن تساعد فتحي ليخرج من اكتئابه.

ب. «الضجيج. من فعل ضجَّ، يضجُ القبيح. لم أجد في اللغة العربية فعلاً بهذا القبح.»
لماذا يكره فتحي هذا الفعل ويفضّل عليه كلمة «الصخب»؟

الفصل الثالث

أسئلة الفهم

يقارن الكاتب الرجل الذي يحمل مردد الهتافات بالثور. ما أهمية هذا التشبيه بالنسبة للقصة؟

قراءة دقيقة + مناقشة

ما هو قصد فتحي من عبارة «أنا لست موظفاً ولست منتسباً إلى أي نقابة.» ما علاقة ذلك بالخروج في المسيرات؟

الفصل الرابع

أسئلة الفهم

١- يقارن فتحي بين الشعر والنثر ويربط الأول بالإيمان الأعمى بالزعيم والثاني بالفردية التي تشكك بألوهية الزعيم. اكتب/ي مقطعاً يوضّح أُسس المقارنة كما وضّحها الكاتب.

٢- ما هي العلاقة بين الشعر الموزون والضجيج عند الجماهير؟

٣- قارن الكاتب بين حماس المعلّق الرياضي وحماس مذيع المسيرة. حدّد أوجه المقارنة.

٤- ما أهمية استعمال عبارة «عظيم عظيم يا زعيم» في النص وتأثير السجع على عقول الجماهير؟

قراءة دقيقة + مناقشة

«التفكير نقمة. إنه جريمة، بل خيانة للزعيم.» اكتب/ي مقطعاً يشرح هذه الفكرة. (50 كلمة)

الفصل الخامس

أسئلة الفهم

١- لماذا يحب الزعيم مشاهدة المسيرات على التلفزيون في قصره عند أوقات فراغه؟

٢- لماذا ضرب الرفاق التلميذ الهارب من المسيرة؟

٣- ما الذي دفع فتحي إلى الدفاع عن الطالب في هذه المرة؟

٤- ضع/ي نفسك مكان فتحي. هل كنت ستساعد/ي الطالب؟ هل يمكن لأجهزة الأمن في بلادكم التصرّف بهذا الشكل؟

٥- ما معنى تعدّد أجهزة الحزب والمخابرات في بلد فتحي؟

قراءة دقيقة + مناقشة

يقول فتحي: «في بلادي عليك أن تظهر أكبر قدر ممكن من الغموض.» حَللّ/ي هذا القول.

الوحدة الثانية: الفصول (6-10)

الفصل السادس

أسئلة الفهم

كيف أضافت رتيبة، أم فتحي، إضافة قيّمة لكتابات زوجها من خلال حِسّ الفكاهة؟ ناقش/ي من خلال ربط حسّ الفكاهة بالغموض أولاً، وبأسلوب فتحي في سرد حكايته ثانياً.

قراءة دقيقة + مناقشة

١- ناقش/ي معنى هذه العبارات: «حكومة القرود»، «الزاحفون نحو السلطة الصناديد»، «المعارضة العارضة للأزياء».

٢- عَلّق/ي على المفارقات المضحكة بين أوصاف والد فتحي للمعارضة وللحكومة. ضع خطاً تحت الطِباق والسَجع في هذه التعابير.

٣- اكتب/ي مقالة تشرح /ي فيها قصد أب فتحي من الأوصاف التي أعطاها للحكومة والمعارضة. (100 كلمة)

الفصل السابع

أسئلة الفهم

١- قارن/ي ردة فعل المحرر ورئيس التحرير»جمد الدم في عروقه» بردة فعل الوزير «غلى الدم في عروقه.» ماذا يدلّ هذا الفرق على اختلاف الرُتب في الحكومة القَمعيّة؟

٢- كيف غيرت فترة السجن والد فتحي؟ هل تحوّله من الدعابة إلى الجديَّة شيء جيّد أم لا؟

٣- اِستخرج/ي بعض عبارات السخرية الموجودة في هذه الوحدة وعلّق/ي عليها.

قراءة دقيقة + مناقشة

ما معنى أن يُدفن الأب المحامي مكان الراقصة اللعوب؟ اكتب/ي تحليلاً يشرح أهمية هذه النقطة في الرواية.

الفصل الثامن

أسئلة الفهم

١- ماذا يدلّ طلب أم محمد من فتحي بأن يوظّف ابنها في البلديّة؟ هل تعرف ما هي الواسطة؟

٢- اكتب/ي مقالة تتكلّم عن وجود الواسطة أو عدمها في دولتكم.(100 كلمة)

٣- هل توافق/ي على فلسفة أم فتحي ومقولتها «ماذا تساوي أمور الدنيا لكي نهتمّ بها؟»

الفصل التاسع

أسئلة الفهم

١-   صف/ي طبيعة العلاقة بين فتحي وأمه.

٢-   لماذا تتظاهر سميرة بالبلاهة أمام زوجها؟

٣-   لماذا يقلق الزعيم عندما لا يرفع كل المواطنين صورته؟

٤-   لماذا توقف فتحي عن الكتابة؟

قراءة دقيقة + مناقشة

ما هو تحليلك للحوار بين فتحي ووالدته؟

الفصل العاشر

أسئلة الفهم

١-   ما سبب تجمّد فتحي عند سماعه اسم هائل؟

٢-   لماذا لا يهتمّ المواطنون عندما يعيّن الزعيم أو يقيل أحداً من أعوانه؟

٣-   وصف فتحي كيفيّة التصاق جسد الزعيم بهائل عند وقوعه. اكتب/ي مقطعاً يعلّق على ارتباط الزعيم بحرّاسه على المستوى الشخصي وكأنهم امتداد لجسده. (50 كلمة)

قراءة دقيقة + مناقشة

ما معنى عبارة «لم أتصوّر أنهم سيحتلون مخدع أمي في ذلك اليوم أيضاً.» كيف تصف شعور فتحي تجاه والدته بعد أن عرف برغبتها بالزواج من هائل؟

الوحدة الثالثة: الفصول (11-14)

الفصل الحادي عشر

أسئلة الفهم

١- لماذا يكره الزعيم نظرية «الفنّ للفنّ»؟

٢- ما سبب تفضيل الزعيم للمارشات العسكرية وكرهه للفن العربي الأصيل؟

٣- اكتب/ي مقطعاً تعلّق/ي به على أسلوب السخرية التي يتبعها الكاتب في مقارنته بين الزعيم والموسيقى. (100 كلمة)

٤- اِبحث/ي عن الفرق بين «المارشات العسكرية» و الأغاني العاطفية وأكتب/ي مقالة عن ذلك (100-150 كلمة).

الفصل الثاني عشر

أسئلة الفهم

١- يقول الرفاق لفتحي «ألا تخجل من نفسك؟» لماذا يجب أن يخجل حسب رأيهم؟

٢- ولماذا إهتمّ فتحي بهذا السؤال وحاول أن يجيب عليه؟

قراءة دقيقة + مناقشة

اكتب/ي مقالة تشرح/ي فيها أهمية إعادة تعريف الخجل بالنسبة لفتحي. (100 كلمة)

الفصل الثالث عشر

أسئلة الفهم

١- ما الشيء المشترك الذي جمع فتحي بلمى معاً؟

٢- ما معنى مقولة فتحي «طز فيك وفي الحزب»؟

٣- لماذا تحولت هذه المقولة إلى «القضية طز» بعد ذلك؟

الفصل الرابع عشر

أسئلة الفهم

١- يقول فتحي «كنا نثأر لحالنا بالضحك». ما معنى ذلك؟

٢- كيف يكون وصف فتحي لنفسه ولعلاقته بلمى إجابة على سؤال «ألا تخجل من نفسك؟»

٣- لماذا يعتبر الرفاق الحزبيين فتحي خائناً؟ هل توافق/ي على ذلك؟

الوحدة الرابعة: الفصول (15-17)

الفصل الخامس عشر

أسئلة الفهم

ما معنى أن يتصرف الزعيم مع جماهيره كالأطفال وأن يفرح الجمهور لذلك؟

قراءة دقيقة + مناقشة

١- أشار فتحي إلى رأي أرسطو في تأليه الملك في الشرق. اِبحثوا عن هذا الرأي في كتابه «السياسة» واِكتبوا ملخصاً عنه (100-200 كلمة)

٢- ما أهمية انتقال الكاتب من الوصف الجنسي إلى الوصف السياسي كأسلوب أدبي للكاتب في هذا الجزء؟

الفصل السادس عشر

أسئلة الفهم

١- لماذا قارن الكاتب تصرّف الإسكندر المختلف مع مواطني الشرق والغرب؟

٢- هل للجماهير إرادة أيضاً في أن يكونوا عبيداً أم لا؟ اِبحث/ي عمّا قالته Hanna Arndt في هذا السياق.

قراءة دقيقة + مناقشة

من خلال قراءتكم لهذا الجزء، اكتب/ي مقطعاً يتكلم عن العلاقة الطرديَّة بين الزعيم وجمهوره الذين لقّبهم الكاتب بالعبيد. (100 كلمة)

الفصل السابع عشر

أسئلة الفهم

١- لماذا حذّرت لمى فتحي من زواج والدته من هائل؟

٢- يتحدّث فتحي عن تقديس لمى لجسدها. ما علاقة ذلك بمصداقيّتها وحريّتها؟

٣- عَلّق/ي على أهمية عبارة «ضجيج صمتي وضجيج صخبهم». اكتب/ي تحليلاً يبحث في المفارقة والفرق بين الضجيجين.

الوحدة الخامسة: الفصول (18-22)

الفصل الثامن عشر

أسئلة الفهم

١- ما سبب ممارسة فتحي ولمى الحب رغم ضجيج المسيرة خارج الغرفة؟

٢- يقول فتحي أن الجنس صراخ وتعويض عن الكتابة. لماذا كان ذلك ضرورياً في عهد الزعيم؟

قراءة دقيقة + مناقشة

يقول فتحي في وصف لمى» «امرأة حرّة تمتلك ذاتها بدون أي عائق وتمكّن حبيبها من امتلاكها كما يشتهي.» ناقش/ي هذا الوصف.

الفصل التاسع عشر

أسئلة الفهم

١- لماذا يصف فتحي الشباب العائدين من المسيرة «بقطعان الشبان»؟

٢- ما معنى أنه كان يمشي «عكس التيار» في الطرقات بعد إنتهاء المسيرة؟

الفصل العشرون

أسئلة الفهم

١- لماذا ماتت المرأة التي حملها فتحي على كتفه؟ وما أهمية موت المرأة تحت الأقدام في المسيرة؟

٢- اكتب/ي مقطعاً يقارن بين رد أعضاء المستشفى تجاه الضحايا في بلد فتحي وبين ردهم في مستشفى في بلدك. (100 كلمة)

الفصل الواحد والعشرون

أسئلة الفهم

١- لماذا أُتهم أبو أحمد بتشويه صورة الزعيم عمداً؟ ولماذا سُجن أبو أحمد وعُذّب في الحجز؟

٢- ما معنى أن تظهر صورة الزعيم وكأنه «قرصان بعين واحدة»؟

٣- لماذا أراد أن يكتب فتحي قصته في إحدى رواياته؟

قراءة دقيقة + مناقشة

١- عدّد/ي أنواع العذاب التي تعرض لها أبو أحمد في السجن؟ على ماذا يدلّ ذلك؟

٢- إبحث/ي في معنى «السجن العُرفي» وتطبيقاته في بعض الدول التي تطبق الأنظمة القمعيّة.

الفصل الثاني والعشرون

أسئلة الفهم

١- ما سبب خوف الدكتور ريمون من الذين يتلصصون خلف الباب؟

٢- كيف قارن فتحي بينه وبين الدكتور ريمون؟

٣- عرّف/ي السيرياليّة وارسم/ي صورة لمشهد سيرياليّ في مستشفى أو لمشهد سيرياليّ ما بعد المظاهرات.

الوحدة السادسة: الفصول (23-25)

الفصل الثالث والعشرون

أسئلة الفهم

١- لماذا تملأ صور الزعيم مبنى الحزب؟ وما أهميّة صور الزعيم في العمليّة السياسيّة؟

٢- ما هي الطريقة التي نصح بها فتحي الأشخاص لكي يهربوا من الصخب؟ هل توافقونه الرأي؟

٣- لماذا يوظف الزعيم علماء النفس والشعراء والمفكرين لتأليف الشعارات التي تُردد في المسيرة؟

٤- اكتب/ي مقطعاً تصف/ي فيه كيفية صناعة التسويق الإعلامي (propaganda) للزعيم. (150 كلمة)

الفصل الرابع والعشرون

أسئلة الفهم

١- لماذا تظاهر موظف الحاسوب بالفظاظة مع فتحي؟

٢- لماذا لم يستطع الإعتذار منه شفهياً ولكن كتب اعتذاره على ورقة؟

٣- ما حاجة فتحي لبطاقته الشخصية؟ لماذا لا يستطيع التجول في وطنه بدونها؟

٤- هل تحمل البطاقة الشخصية نفس الأهمية في بلدك؟ اكتب/ي مقطعاً تصف المشاكل التي ستواجهك إذا أُخذت منك هويتك الشخصية؟ (100كلمة)

قراءة دقيقة + مناقشة

- «أنت خائن إذن؟»
- «يحقَ لك تَخوين من تشاء لأنك تمسك القلم.»

علق/ي على هاتين الجملتين. كيف تُعرّف/ي الخيانة والتَخوين؟

وكيف تُعرّف/ي كلٌّ منهما في هذا الحوار؟

الفصل الخامس والعشرون

أسئلة الفهم

اِشرح/ي سبب كره فتحي للضجيج وحبه للصمت؟

مناقشة دقيقة

ماذا كان قصد فتحي عندما استخدم عبارة «وطرق تَثويرهم للجماهير»؟ قارن بين أصول الكلمتين «ثَورْ» و«ثورَة».

الوحدة السابعة: الفصول (26-28)

الفصل السادس والعشرون

أسئلة الفهم

هناك تسلسل هرمي للمسؤولين الذين قابلوا فتحي في فرع المخابرات. ما أهمية هذا التسلسل وضرورة مقابلة فتحي لكل عنصر؟

قراءة دقيقة + مناقشة

قارن/ي بين مشهد الخوف الذي يُفرض على المواطنين وبين علاقة الحب بين الزعيم والجماهير التي تُدرس بشكل جيّد في مشاهد سابقة.

الفصل السابع والعشرون

أسئلة الفهم

١- لماذا توقع المسؤول من فتحي أن يخاف عند التحقيق معه؟

٢- ما معنى أن «تروض نفسك لتصبح مواطناً صالحاً»؟ كيف استعمل فتحي عامل الضحك ليجابه به عامل الخوف؟

الفصل الثامن والعشرون

أسئلة الفهم

١- وضع هائل فتحي بين قرارين: «صمت السجن أو ضجيج السلطة». ماذا كنت ستختار لو كنت مكانه؟

٢- ما هي التهديدات التي استعملها هائل مع فتحي خلال مقابلتهما؟

٣- ما الفرق بين صمت فتحي الإختياري وصمت القبر الذي هدده به هائل؟

٤- ما الفرق بين أن يتزوج هائل الأم أو أن «ينكحها»؟

٥- ما أهمية إدخال الأم في المعادلة/ الصفقة بين فتحي والسلطة؟

الوحدة الثامنة: الفصول (29-30)

الفصل التاسع والعشرون

أسئلة الفهم

١- نصحت سميرة فتحي بأن يفعل مثلها ويكون «غبياً بين الأغبياء». هل توافقها على هذا الرأي؟

٢- ما الفرق بين فتحي وسميرة؟

قراءة دقيقة + مناقشة

علّق/ي على مثل «إذا جَنّ رَبعَك، عقلك ما عاد ينفعك». حاول أن تجد مثلاً يقابله في لغتكم. اكتب/ي مقالة تبدي بها رأيك في هذا المثل (100-200 كلمة)

الفصل الثلاثون

أسئلة الفهم

١- لماذا توقف هائل عن اغتصاب أم فتحي بعد أن اكتشف استمتاعها بالأمر؟

٢- هل الحل الذي طرحه فتحي في حلمه هو الأفضل برأيك؟ هل ينضم للآلة الإعلامية للسلطة أم يتحمل النتائج؟ ماذا تنصحه أن يفعل؟

٣- كيف يمكن للمواطن العادي أن يقاوم الخوف والاغتصاب الذي تفرضه الحكومة عليه؟

مفردات التحليل النقدي/الأدبي

الحَبكة: طريقة عرض الأحداث في القِصَة.

السَّرد: إسلوب قَصْ الروايَّة.

الرَاوي: الشَخص الذي يحكي القصَّة.

الشَخصيَّة: أي بَطَل من أبطال القصَّة.

ذَروة الحَدَثْ: اللحظة التي تتعقد فيها الأحداث.

الحوار: الحديث بينَ الشخصيات.

الرَمز: شئ يَدل على شَئ آخر.

الرمز المتكرر: رمز يدفع الحدث إلى الأمام.

الدافع: دليل، إثبات.

التَشبيه: القول أنَ شَئ مِثل شَئ آخر.

الإستِعارة: القول أنَ شَئ يَدل عَلى شَئ آخر.

إسلوب السَردالرجعي: عرض الأحداث من النهاية إلى البِدايَّة.

السُخريَّة: التَهكم، إثارة الضَحك.

السَجَع: مُطابَقة آخر الأحرف بينَ كَلمَتين.

التَوريَّة: التَضمين أو قَول الشَئ لِتَعني شَئ آخر.

التَجسيد: إعطاء صِفة إنسانيَّة لشئ ما.

الصورة الشِعريَّة: ترتيب الكلمات بِشَكل يُكَون صُورة فِكريَّة عندَ القارئ.

الطِباق: هو الجمع بين لفظتين متضادتين في المعنى ، مثل: (يبكي ويضحك لا حزناً ولا فرحاً، كعاشق خط سطراً في الهوى ومحا.)

الجِناسْ: هو تشابه كلمتين في النطق واختلافهما في المعنى، مثل: (فدارهم مادمت في دارهم، وأرضهم مادمت في أرضهم.)

الكتابة التصويرية: أسلوب أدبي يعتمد على خلق عدة صور أدبية لتشكيل وبناء النص.

التنبؤ بالحدث: توقع حصول حدث في بداية القصة وتحقيق حدوثه في نهايتها.

لازمة: هي تكرار آخر بيت شعر في كل مقطع للقصيدة أو تكرار عبارة ما بشكل دائم في العمل الأدبي.

ABOUT THE EDITOR

Hanadi Al-Samman is an associate professor of Arabic Language and Literature in the Department of Middle Eastern and South Asian Languages and Cultures at the University of Virginia. Her research focuses on contemporary Arabic literature, diaspora and sexuality studies, as well as transnational and Islamic feminism(s) and she is the author of *Anxiety of Erasure: Trauma, Authorship, and the Diaspora in Arab Women's Writings* (Syracuse University Press, 2015). She is the coeditor of an *International Journal of Middle East Studies'* special issue "Queer Affects" (2013), and of *The Beloved in Middle Eastern Literatures: The Culture of Love and Languishing* (I.B. Tauris, 2017) and *Global Encyclopedia of Lesbian, Gay, Bisexual, Transgender, and Queer History* (Gale, Cengage Learning, 2019). Al-Samman's professional website can be found at https://mesalc.as.virginia.edu/al-samman.